Claudia Grah-Wittich

Wie siehst du mich?

Claudia Grah-Wittich

Wie siehst du mich?

Die Bedeutung der individuellen Sichtweisen von Eltern auf ihr Kind

Unter Mitarbeit von Marion Klein

Verlag Freies Geistesleben

1. Auflage 2017

Verlag Freies Geistesleben
Landhausstraße 82, 70190 Stuttgart
www.geistesleben.com

ISBN 978-3-7725-2679-4

Inhalt

Dank

Dieses Buch ist

Leonie, Max, Leon, Clara, Viola und Rahel

stellvertretend für all die vielen Kinder gewidmet, die wir seit 1997 in der Frühförderstelle am «hof» begleiten konnten und die zu den Bildern und damit zu diesem Buch angeregt haben.

Die Dokumentation und die Beschreibung der Zusammenarbeit mit den Eltern in der Frühförderstelle wären nicht ohne das engagierte Mitwirken einer Mutter entstanden. Aus dem kontinuierlichen Interesse von Marion Klein hat sich eine Zusammenarbeit ergeben, in der sie ihr Mitdenken und ihre fachliche Beratung und lektorierende Tätigkeit eingebracht hat. Marion Klein lag die Veröffentlichung der Elternarbeit am Herzen, und durch ihre gründliche und ausdauernde Mitarbeit gelang es, die therapeutischen Prozesse zu verschriftlichen.

Ein herzlicher Dank geht an die Kolleginnen und Kollegen der Frühförderstelle am «hof». Sie haben auf die eine oder andere Art daran mitgewirkt, dass dieses Buch entstehen konnte.

Vor allem sei den Eltern, die für dieses Buch anonymisiert ihre Geschichte und Bilder zur Verfügung gestellt haben, ein herzlicher Dank ausgesprochen. Sie haben den Prozess zu dieser Veröffentlichung mitverfolgt und unterstützt. Zum Teil haben sie das Buch durch einen Rückblick auf die Entwicklung ihrer Kinder in den Jahren nach der Frühförderung ergänzt. Ich danke ihnen für ihr Vertrauen, denn sie haben einen Weg eröffnet, der sich inzwischen etabliert hat.

Claudia Grah-Wittich

Vorwort

Zu diesem Buch ein Vorwort schreiben zu dürfen ist mir eine besondere Freude. Als Kinderärztin begegne ich oft Verhaltensmustern zwischen Mutter und Kind, die – trotz bester Absichten – negative Auswirkungen haben. Es gehört ja zum Wichtigsten in der Begleitung von Säuglingen und Kleinkindern, sich die möglichen Wirkungen der eigenen Handlungsweisen und Charaktereigenschaften auf das Kind bewusst zu machen und daraus für sein Verhalten die erforderlichen Konsequenzen zu ziehen. Nur so kann im täglichen Umgang der bestmögliche Beitrag für die gesunde Entwicklung geleistet werden. Dies aber ist leichter gesagt als getan! Und genau hier möchte das Buch von Claudia Grah-Wittich eine hilfreiche Unterstützung bieten.

Liebevoll dokumentiert die Autorin, wie ein therapeutisch wirksames Verhalten aussieht, macht Mut, sich dieses Verhalten nicht zuletzt dadurch selbst anzueignen, dass man immer wieder die Bilder und Bildsequenzen anschaut und sich so die konstruktiven Verhaltensweisen einprägt. Sehen, Miterleben, Freude am Wahrgenommenen empfinden, das veranlagt am unmittelbarsten die betreffende Fähigkeit bei einem selbst. Man nennt dies «Lernen durch Nachahmung» – eine Fähigkeit, die das kleine Kind in höchstem Maße besitzt und sich der Erwachsene lebenslang bei seiner Wahrnehmungs- und Beobachtungstätigkeit bewahrt. So kann das hier in Form ansprechender Praxisforschung Dokumentierte exemplarisch zeigen, wie sich die Sichtweisen der Eltern, ihre geistig-seelische Haltung dem Kind gegenüber, maßgeblich auf seine Entwicklung auswirkt. Im Anschauen kann dieser Einfluss bewusst werden, der sonst meist unbeachtet bleibt.

Eine der größten Bedrohungen der Kinder heute ist die Tatsache, dass ihre Eltern und Bezugspersonen durch Hetze und Stress innerlich abgezogenen sind und oft, durch die allgegenwärtige Medienumgebung und -nutzung abgelenkt, immer mehr den Wesensbezug zu ihrem Kind verlieren. Zudem stellen sich Ängste ein, «etwas nicht richtig zu machen», und innere Unruhe, ob man nicht etwas versäumt hat. Dabei kann der Respekt vor der Einzigartigkeit der Persönlichkeit des Kindes und seinen mitgebrachten Fähigkeiten schwinden – weil man diese nicht mehr richtig wahrnehmen kann.

So werden in diesem Buch praktische Anregungen gegeben, wie Eltern Geistesgegenwart üben und ihre Kinder neu sehen lernen können. Es kann Eltern deutlich werden, dass sie selbst die erste und wichtigste «Umgebung» des Kindes darstellen. In ihr kommt das kleine Kind «zu sich» und bindet sich zugleich innig an die vertrauten Menschen, wenn sich diese als vertrauenswürdig und zuverlässig erweisen.

Ein besonderes Anliegen der Autorin ist, dass nicht Vorstellungen, was «richtiges» und «falsches» Verhalten sind, den pädagogischen Prozess beherrschen. Das Buch dokumentiert vielmehr das Verhalten von Erzieherinnen und Therapeutinnen, die sich sozusagen von den Eltern und ihren Sichtweisen auf das Kind und vom Kind selbst belehren lassen, wie der Entwicklungsprozess des Kindes am besten zu begleiten und zu fördern ist. So lernen die Eltern *selbst* zu beurteilen, welche Sichtweisen sie haben und wie diese zum Wohl des Kindes weiter entwickelt werden können. Im Buch wird auch erwähnt, dass diese Fähigkeit, sich am Kind selbst geistesgegenwärtig zu orientieren, durch die anthroposophische Menschenerkenntnis entscheidend gefördert wird. Diese ist nicht nur ein wunderbarer Augenöffner, «mehr zu sehen», sondern kann auch durch ihre Erkenntnisansätze helfen, die Fülle der Wahrnehmungen in ein Gesamtbild einzufügen, das für die therapeutische Praxis Orientierung gibt.

Ich wünsche dem Buch eine weite Verbreitung unter Eltern, unter Erzieherinnen und Therapeuten sowie allen, die kleine Kinder lieben und immer wieder mit ihnen zu tun haben und daher Positives durch ihre Begegnungen und Interaktionen mit ihnen bewirken können.

Dr. med. Michaela Glöckler   Goetheanum, im Mai 2017

Einleitung

In diesem Buch wird eine Methode der Elternarbeit im Rahmen der Frühförderung dargestellt und dokumentiert. Frühförderung ist eine vom Sozialgesetzbuch vorgesehene Maßnahme für Kinder im Vorschulalter und deren Eltern/Betreuungspersonen, um ihnen Hilfe zu leisten bei Entwicklungsgefährdungen sowie allgemeinen Nöten und Auffälligkeiten. Es geht dabei um Kinder, deren Behinderung bereits diagnostiziert wurde oder die von einer Behinderung bedroht sind.

In der Frühförderstelle des Pädagogisch-Therapeutischen Zentrums am «hof» in Frankfurt-Niederursel ist im Laufe einer langjährigen Praxiserfahrung die besondere Bedeutung des inneren Mitwirkens und der aktiven Beteiligung der Eltern zur Entdeckung geworden. Eltern, die sich auf einen künstlerischen Prozess einlassen, malen Bilder mit Wasserfarben oder führen plastische Übungen aus. In ihren Werken treten ihre eigene Sichtweise auf ihr Kind, besondere Momente in der Biografie mit dem Kind oder die familiäre Situation zutage. Dadurch entsteht eine oft überraschende zusätzliche Perspektive. So können die Pädagogen sich wesentlich gezielter mit Themen der Familie und des Kindes auseinandersetzen.

Die Idee zu dieser künstlerischen Methode der Elternarbeit ergänzend zur Frühförderung mit den Kindern ist in den begleitenden Beratungsgesprächen entstanden. Es war notwendig herauszufinden, welchen Blick die Eltern tatsächlich auf ihre Kinder haben. Selbstverständlich obliegt es den Eltern zu entscheiden, *was* aus den selbst geschaffenen Bildern besprochen oder *wie* dies zum Thema des Gespräches wird. Durchdringen sich bei dieser Betrachtung die Sichtweisen von Eltern und Therapeut, so können wesentliche Seelenschichten zur Erscheinung kommen. Bereits während der künstlerischen Verarbeitung beginnt sich die Sichtweise der Eltern auf ihr Kind zu wandeln. Durch das Schöpferisch-Werden der Eltern (meistens der Mütter) bringen diese sich selbst in den Frühförderprozess ein.

Künstlerisches Schaffen ist immer ein Prozess mit offenem Ausgang, der aber in der Regel Verwandlung möglich macht. Es geht dabei gleichzeitig um ein existenzielles Einbeziehen der Eltern, ihre Partizipation und das gemeinsame Ringen auf Augenhöhe um die Entwicklung ihres Kindes. Dies bedeutet immer einen wesentlichen Beitrag zur Förderung des Kindes.

Zum Teil sind es gravierende Sichtweisen auf meist in der Vergangenheit liegende Ereignisse – immer wieder auch auf die Geburt –, die auf diese Weise aus sich heraus gesetzt werden und dadurch besser anzuschauen sind – ebenso aber auch aktuelle Wahrnehmungen der Lebenssituation oder die Frage: «Wie sehe ich mein Kind?»

All das fördert die Ressourcen der Familie, zum Beispiel Talente, Neigungen und Leidenschaften, und bringt auf feine und sensible Weise zu Bearbeitendes ans Licht. Eine partnerschaftliche Auseinandersetzung zwischen Eltern und Therapeut um die Belange und Nöte des Kindes kann beginnen, da die Situation des Kindes in seiner familiären Hülle gemeinsam immer besser zu verstehen ist. Oft kann durch die künstlerische Betätigung das Gespräch mit den Eltern eine entscheidende Wende nehmen, indem nicht mehr *über*, sondern *von* den Themen gesprochen wird.

In der folgenden Darstellung werden nach einer Einführung in die Elternarbeit zunächst einzelne Beispiele vorgestellt. Im zweiten Teil schildert eine Mutter ausführlicher ihren Weg durch die Frühförderung (und worin sie im Einzelnen besteht), und am Ende rundet die Beschreibung des Pädagogisch-Therapeutischen Zentrums und der Maßnahmen der Frühförderstelle die Darstellung ab, sodass die Elternarbeit in ihrer Besonderheit in das gesamte therapeutische Geschehen der Frühförderung eingebettet ist.

Die Würde des Kindes und der Familie – die innere Haltung in der Frühförderung

Worin besteht der therapeutischer Ansatz innerhalb einer anthroposophischen Frühförderstelle? Wie kann das, was wir tun, auch methodisch vermittelt werden? Denn das Entscheidende an dieser Tätigkeit ist nicht, *was* ich als Therapeut tue, sondern *wie* ich es tue. Der Frage, in welcher Beziehung ich zu den Kindern und ihren Eltern stehe, kommt eine zentrale Bedeutung zu. Die folgenden Beispiele aus der Elternarbeit verdeutlichen die therapeutische Intervention.

Das innere Anliegen in der Frühförderung, deren Zielgruppe Kinder bis zum Schulalter und ihre Eltern sind, besteht darin: Jede Begegnung, wenn sie zum Ziel hat, zu heilen oder Verwandlungsprozesse zu ermöglichen, ist eine Frage der Beziehung. Diese Beziehung ist aus sich heraus immer einzigartig und findet im Hier und Jetzt statt. Es gab sie trotz ähnlich gelagerter Fälle nicht vorher, und es wird diesen Moment auch in Zukunft nicht geben. Bereits der Erstkontakt zu den Familien und die erste Begegnung mit dem Kind sind ein kurzes Aufblitzen in den individuellen Persönlichkeiten. So betrachtet wohnt diesem Moment alles inne, was sich als Potenz entwickeln kann, aber zugleich noch nicht fassbar ist. Insofern kann die hier darzustellende Methode nur an Einzelfällen aufgezeigt werden. Sie ist aber für jeden, der sich darauf einlassen will, anwendbar.

In der Begegnung mit dem Kind und seinen Eltern wird versucht, die natürliche Ordnung der Welt, nämlich Wärme, Luft und Licht, Wasser und Verdichtung, nachzuvollziehen. Die Ausgangsbasis jeder Begegnung kann man am ehesten beschreiben mit *verdichteter Wärme*. In diesem Anfang eines Prozesses geht es noch nicht um bestimmte Themen, sondern es handelt sich um ein erstes gegenseitiges Wahrnehmen und um eine gegenseitige Beziehungsanbahnung. Ein kurzes, stilles

13

Wärmen. Die Selbstwahrnehmung des Therapeuten ist dabei immer mit von Bedeutung. Bin ich wirklich schon in der *Gegenwärtigkeit*?

Sind wir dann gemeinsam angekommen – das Kind, das zur Frühförderung kommt, die Eltern, die zur Beratung kommen, und der Therapeut –, folgt die Sichtung des Themas: Worum geht es jetzt, in diesem Moment, an diesem Tag? Wir befinden uns mit einem Mal in einer neuen Dimension, nämlich der *Zeit*. Vieles erhellt sich in dieser Phase. Es entsteht eine gewisse Leichtigkeit, ein Sehen und Gesehenwerden. *Luft* und *Licht* treten zu dem Vorgang hinzu. Der Prozess verlebendigt sich, und es zeigen sich Entwicklungsspielraum und Wachstum. Dasjenige, was der andere einbringt, initiiert für den Prozess ein Wachstum. Es gilt: «… immer ich selber mitten im Spiel» (Erika Beltle). In dieser Phase der Beratung handelt es sich um ein Sammeln von Themen, Möglichkeiten, Zielen – noch ganz ohne Bewertung und Rat. Alles darf sein.

Diese Entwicklungsgeste wird in einer nächsten Stufe zusammengeführt: Hier können wir aus therapeutisch-pädagogischer Sicht Angebote machen, sortieren, hervorheben, Wahrnehmungen schildern. Dann beginnt ein Durcharbeiten mit offenem Ausgang. Beide, der Therapeut und der Klient, ringen im Hin und Her, was für diese Situation angemessen ist und als Fähigkeit geübt und ausgebildet werden kann.

Dieses Hin und Her und seine Durchdringung sind Verbindung, Fluss und Richtung. Es hat verbindlichen Charakter. Würden wir ihm ausweichen und die notwendige nächste Stufe der Verdichtung in der Ich-Annahme des Themas überspringen, wäre keine nachhaltige und klare Verwandlung möglich. Im Bild erscheint dies in reinster Form im *Wasser*, das fließen, sich aber auch im Strudel zwischen Druck und Sog zusammenziehen kann. Es geht darum, etwas Neues, eine dritte Qualität entstehen zu lassen, die vorher noch nicht da war. Gelingt dieser Schritt, so erfahre ich völlig überraschend: Ich selbst bin nicht erschöpft, sondern erfrischt und erneuert. Es ist Lebenskraft zugeflossen. Aus diesem gegenseitigen Geben und Nehmen können wir – die Eltern und Therapeuten – immer wieder gemeinsam schöpfen.

Doch das Leben – und auch dieser Prozess – braucht einen Abschluss, eine *Form* und eine anschließende heilsame Pause: Dies kann eine Verabredung sein, eine Zielsetzung für ein nächstes Mal. Oder zusammenfassend: Wo stehen wir, was kann der andere mitnehmen, was habe ich erfahren? Ausgesprochen oder unausgesprochen muss dafür ein Raum gegeben werden. Es ist ein Zu-sich-selbst-Kommen: Ich entscheide mich für das, was ich vorher mit meinem Fühlen belebt, im Hin und Her durchdrungen und bewegt habe.

Danach ist für alle der Nachklang von Bedeutung: Was hat sich heute ereignet, welcher Impuls ergibt sich daraus? Wenn ich in mich selbst hineinhöre, die eigene innere Wärme spüre: darin liegt eine zukünftige Dimension.

Der beschriebene Weg macht deutlich, dass es kein Schema im therapeutischen Prozess, keine «anthroposophische Lehre» gibt. Es wird versucht, in der Arbeit die natürliche Ordnung der Welt und die Entstehung des Kosmos – Wärme, Licht und Luft, das Wässrige und die Verdichtung – und damit das Leben in seinen Grundzügen und Gesetzen zu verinnerlichen. Dabei strebt er an, den Menschen in seiner Einzigartigkeit, seiner seelisch-geistigen Dimension und seinem individuellen Schicksal zur Erscheinung zu bringen.

Die Bedeutung der Eltern und
der Familie für die Arbeit mit dem Kind

Das Wohlgefühl und Vertrauen der Eltern zu der Einrichtung und der Therapie helfen den Kindern ganz außerordentlich, sich auf unsere Angebote einzulassen. Somit kommt der Beziehung zu den Eltern eine zentrale Bedeutung zu. Sie sollen sich sicher fühlen. Die Kenntnis und Wahrnehmung der Bedürfnisse, Ziele und Wünsche der Eltern gehören zum Arbeitsauftrag der Frühfördereinrichtung. Die Eltern sind es auch, die den Antrag auf Förderung ihres Kindes beim Sozialamt stellen. Zur Frühförderung gehört damit das Interesse an biografischen Elementen der Familie und der beiden Elternteile, ihren Fähigkeiten und Neigungen. All das bestimmt die Dynamik der Veränderungsprozesse bei den Kindern mit. Das Denken, Fühlen und Handeln der Eltern bilden die eigentliche Entwicklungshülle des Kindes.

Im Folgenden wird erläutert, in welchen Schritten in der Frühförderstelle «Haus des Kindes» ein Therapieplan für das Kind aufgestellt wird.

In der *Anamnese* werden Fakten über die erbliche und genetische Disposition und über die physischen Abläufe und Gewohnheiten aus der Perspektive der Eltern gewonnen – somit die gewordene Vergangenheit des Kindes.

In der *Beobachtung des Kindes* im freien Spiel und in Bewegungssequenzen entsteht ein Bild vom Kind. Der Blick ist sowohl in die Vergangenheit als auch in die Zukunft gerichtet. Er ruht darauf, was im Kind bereits als Ererbtes vorliegt und was ihm aus seiner Zukunft als Möglichkeit entgegenkommt.

Da der Ist-Zustand oft als defizitär definiert wird, gilt es, etwas von dieser Zukunftsgestalt zum bereits Vorhandenen hinzuzuimaginieren. So kann eine Art inneres Ziel entstehen. Die damit verbundene Frage

«Wie möchtest du werden?» gibt uns den eigentlichen therapeutischen Auftrag. So entsteht hier eine Mittlerrolle zwischen den Eltern und ihrem Kind.

In den *Gesprächen* mit den Eltern interessieren die eigenen Sichtweisen auf das Leben, ihre endlichen und unendlichen Perspektiven, ihr Entwicklungspotenzial und ihre gedankliche und kulturelle Zugehörigkeit und ethischen Werte. Sämtliche Bedürfnisse, Freuden und Leiden der Eltern in Bezug auf die Perspektiven ihres Kindes und die individuellen Erziehungsziele runden das Bild ab.

So nähern wir uns in der Diagnose der wichtigsten und ersten Umgebung des Kindes, seinen Eltern selbst. Ihr Denken, Fühlen und Handeln regen das Kind zum einen zur täglichen Nachahmung an, wie es mittels der Forschung der Spiegelneuronen inzwischen auch auf der Gehirnebene erwiesen ist.[*] Zum anderen wird jedes Kind danach streben, sich der elterlichen Hülle anzupassen als natürliches Streben nach Sicherheit und Zugehörigkeit, wie wir aus den Kenntnissen der Bindungstheorie von John Bowlby und anderen wissen. Auf Grundlage dieses Wissens werden die intensiven und regelmäßigen Elterngespräche neben der Therapie des Kindes geführt. Wenn es gelingt, dass sich die Eltern mit der Zeit als Teil des Geschehens sehen und einbringen wollen, können sie oder die Familie auf drei Ebenen mitwirken:

- physische Ebene: Veränderung der täglichen oder wöchentlichen Lebensabläufe, Umgang mit Medien, Fragen nach der richtigen Einrichtung für das Kind, Ernährung usw.
- geistige Ebene: Unter Umständen gewinnen die Eltern eine andere Perspektive, eine neue Sichtweise auf ihr Kind, auf das Leben und seinen Sinn und weitergehende Horizonte. Damit werden dem Kind neue innere Möglichkeiten eröffnet.
- seelische Ebene: Die Wahrnehmung der eigenen Sichtweise auf das Kind ist der Nährboden für alle Entwicklung. Wenn die Eltern aus

---

[*] Joachim Bauer, *Warum ich fühle, was du fühlst. Intuitive Kommunikation und das Geheimnis der Spiegelneurone*, Heyne Verlag 2006.

der Sackgasse des reinen «Defizitblicks» auf die Kinder herausfinden und in der eigenen Wandlung die Voraussetzung begreifen für die Veränderung des Kindes, so ist ein entscheidender «Hebel» im therapeutischen Prozess erreicht. Die eigene künstlerische Betätigung der Eltern kann die meist unbewussten, oft sehr tief liegenden Sichtweisen freilegen. Es handelt sich um bisher noch unbewusste innere Empfindungen auf der Ebene der Beziehung zum Kind sowie Sichtweisen auf das familiäre System.

Der Prozess der Frühförderung als Ganzes betrachtet bietet Veränderungen in den Lebensstrukturen der Familie. Die Achtsamkeit der individuellen Arbeit ist darauf ausgerichtet, die Lebenskräfte der Familie zu stärken als Basis der individuellen Entwicklungen und guten Inkarnation des Kindes in seine leiblichen Möglichkeiten.

Ein künstlerischer Ansatz
aus einer therapeutischen Hypothese

Die Besonderheit des therapeutischen Ansatzes des «Haus des Kindes» ist das Angebot einer künstlerischen Arbeit für die Eltern. Diese ist in unserem Konzept der Frühförderung im Laufe der Zeit zu einem immer wichtigeren Anliegen geworden. Denn in den einzelnen Stunden mit dem Kind kann vieles an Sicherheit und Veränderung bei ihm erreicht werden. Doch danach kehrt das Kind in seine gewohnte Umgebung zurück. Schnell stellen sich dann alte Muster wieder ein. Deshalb ist die Zusammenarbeit mit den Eltern von größter Bedeutung. Ihnen wird angeboten, den Veränderungsschritt bei ihrem Kind aktiv zu begleiten, damit auch sie sich in ihren Gewohnheiten infrage stellen und sich nicht außerhalb des Förderverlaufes sehen. Dies wird in der Regel gerne angenommen.

Äußerlich geschieht das durch künstlerische Übungen, die die Eltern parallel zu ihrem Kind in einem anderen Raum durchführen können – zusätzlich zu den regelmäßigen Elterngesprächen. Ob diese Angebote angenommen werden und ob sie einen förderlichen Beitrag zum Therapieverlauf darstellen, kommt in erster Linie auf das Vertrauen an, das zwischen Frühförderern und den Eltern aufgebaut wird, und ob Letztere sich als Partner ernst genommen fühlen.

Im Lauf der Zeit konnte an den Aufgabenstellungen erfahren werden, dass das, was die Eltern im Elterngespräch erzählt haben, oft eine beschönigende, beschwichtigende oder auch vehement dramatische Geste hatte gegenüber dem eigentlichen Innenerlebnis. Vor dem Hintergrund, dass das Kind in der Familie der realen Innensicht der Eltern begegnet, ist das Freilegen der inneren Sichtweisen der Eltern für den Prozess der Veränderung entscheidend. Vielfach zeigen die gemalten oder gezeichneten Bilder für die Eltern selbst zunächst nicht wahrnehmbar, aber dennoch sehr deutlich ihre Sicht auf ihr Kind. Zu unserem Erstaunen bringen sie genau das Bild zum Vorschein, das auch das Kind uns in seiner Leiblichkeit und seinen Gesten zum Ausdruck bringt.

So entstand die Arbeitshypothese: Brauchen Kinder es, dass sie von ihren Eltern oder der Familie so gesehen werden, wie sie eigentlich werden wollen? Und inwieweit wird die Entwicklung des Kindes behindert, wenn die erste und wichtigste Umgebung – die Eltern – sie in ihrem Werdewillen nicht unterstützt, indem sie sie nicht in ihrer Ganzheit wahrnimmt? «Ich sehe und ich werde gesehen, also bin ich», so bezeichnet der Analytiker und Kinderarzt Donald Winnicot diesen Prozess (nach Joachim Bauer, s. Anm. auf S. 17). Rudolf Steiner spricht an dieser Stelle von der Bedeutung der Hülle nach der Geburt als notwendige Umgebung des Kindes analog zum Embryo in der Schwangerschaft.[*] Wichtigste Umgebung des Kindes in diesem Sinne sind vor allem ihre Eltern und das Familiensystem.

Die Übungsanordnung

Den Eltern, die diese Anregungen zum therapeutischen Mitvollzug aufnehmen und in der Zeit, in der ihr Kind zur Frühförderung kommt, sich selbst künstlerisch betätigen, steht folgendes Angebot zur Verfügung:
- Eine erste Aufgabenstellung kann sein, aus den vorhandenen Aquarellfarben eine Farbe auszuwählen und auf das Papier zu malen, z. B. innen transparenter als außen, je nach Persönlichkeit auch anders herum.

[*] Rudolf Steiner, *Die Erziehung des Kindes vom Gesichtspunkte der Geisteswissenschaft*, Dornach, Rudolf Steiner Verlag.

20

– Als zweite Aufgabenstellung kann folgen, zwei Farben in- und miteinander spielen zu lassen.

In diesen ersten Bildern und im experimentellen Umgang mit den Wasserfarben werden Themen wie Grenzen, Übergänge, Struktur und Raum erlebt und darstellbar. Ärger, Ehrgeiz, Lust und Unlust, doch vor allem die Frage nach Entwicklung und nach dem Mut, sich auf Entwicklung einzulassen, können deutlich hervortreten. Die darauf aufbauenden Fragestellungen für den malerischen Prozess werden in den Elterngesprächen von einer völlig anderen Warte berührt, zugleich aber auch als Stellvertreter für individuelle Fragen oder Begebenheiten gemeinsam von Sozialpädagoge und Klient gefunden. Oft kann aus diesen Gesprächen ein Thema für eine künstlerische Arbeit vorgeschlagen werden, das von den Eltern angenommen wird:
– Geburt
– Schwangerschaft
– Beziehung zum Partner nach der Geburt
– Partnerschaft
– Beziehung der Geschwister untereinander
– Rollenverteilung in der Familie

Weitere Themen können die Ressourcen der Familie sein, die oft vergessen werden und so ans Tageslicht kommen können:
– Wie wurde die eigene Kindheit erlebt?
– Wo habe ich mich in der eigenen Kindheit wohlgefühlt?
– Welches sind glückliche Momente mit den Kindern?

Im Anschluss an das Malen der Bilder lassen wir die Eltern berichten, was sie gemalt haben und was sie selbst in ihren Werken sehen. Im günstigsten Fall ermuntern wir sie, diese Erlebnisse in eigene Worte zu fassen und aufzuschreiben. Dann erst beschreiben wir als Beobachter, was wir in dem Bild sehen. Das Bild selbst und dasjenige, was durch die gemeinsame Betrachtung gesehen wurde, ergeben wichtige weitere Anregungen und Themen. So kann dieses Bild ein Bestandteil für das kommende Elterngespräch werden.

Sehr unterschiedliche Zusatzideen können im Fortgang aus diesem Prozess geboren werden. Allen zugrunde liegt die Idee: Entwicklung findet in der Zeit statt. Ein Prozess wechselt von einem Stadium zum nächsten. Angst, Unsicherheit und Nicht-loslassen-Können haben oft damit zu tun, dass die Exploration und Dehnung in der Entwicklung eines Prozesses nicht erlebt werden. Angst erzeugt Enge und Kontraktion. Das kann unterschiedliche Ursachen haben: entweder die zu wenig vorhandene Energie und Kraft der Eltern oder eine schwache Gesundheit bzw. zu geringe Lebenskräfte. In diesem Fall regen wir für die Eltern eine eigenständige Therapie an wie rhythmische Massage oder Heileurythmie, die auch im Pädagogisch-Therapeutischen Zentrum durchgeführt werden können. Handelt es sich eher um belastende Themen und Traumata der eigenen Biografie, so verweisen wir an entsprechende Psychotherapeuten.

Weiterhin kann es Eltern helfen, neben der malenden Betätigung mithilfe des Plastizierens den Begriff von Entwicklung in seiner ganz eigenen Dynamik zu fassen. Sie werden dann angeregt, eine solche Metamorphose in Ton zu formen.

Das Wesen der Veränderung

Einen Begriff und ein sich daran anschließendes Gefühl vom Werden und der Veränderung einzelner Zustände zu haben ist hilfreich. Denn wie gelange ich von dem einen Zustand zum nächsten? Das ist es ja gerade, was Kinder fortwährend in ihrer Entwicklung und insbesondere in der Frühförderung erleben. Jeder Entwicklungszustand enthält grundsätzlich den nächsten Schritt. Je besser wir als Erwachsene solche Werdeprozesse verstehen und in uns lebendig werden lassen können, desto besser können wir die Entfaltungen unserer Kinder begleiten.

In diesem Sinne ist in der folgenden Beschreibung einer Mutter die Anregung zu einer Übung zu verstehen: erst in einer Kugel das All-umfassende in Ton formen, dann diese immer weiter zu verwandeln, bis sich die inneren Kräfte und die äußeren Kräfte harmonisch mitein-ander verbinden.

Eine Mutter schildert ihre Erfahrungen bei einer künstlerischen Übung

Da liegt er vor mir: ein Klumpen Ton, aus dem ich zunächst eine Ku-gel und später aus dieser einen Würfel forme. Der Ton fühlt sich fest und feuchtkalt an, wird aber in meinen Händen allmählich wärmer und formbar. Mit geschlossenen Augen ertaste ich die Unebenheiten in der Form und auf der Oberfläche. Noch ist das, was der Ton enthält, verborgen. Es gibt kein sichtbares Wechselspiel zwischen Innen und Außen. Ich horche in mich selbst hinein und spüre Ruhe und Entspan-nung in meinem Körper. Meine Gedanken lassen für einige wertvolle Minuten den Alltag los.

Beim nächsten Termin geht es um das Wechselspiel zwischen den Kräften, die von außen auf die Kugel wirken, und denen, die sich von innen ihren Weg nach außen bahnen. Etwas Neues soll entstehen. Ich forme wieder eine Kugel und stelle mir die Frage: Wie lege ich mit meinen Händen von außen die inneren Kräfte frei? Meine Finger for-men eine Mulde in die Kugel. Dort, wo meine Finger drücken, wird die Kugel dünner und weitet sich nach außen aus. Die äußere Form verändert sich.

Beim nächsten Versuch forme ich wieder eine Kugel mit einer Mulde. Ich mache die Mulde größer, und an einer Seite entsteht eine Art Knospenblatt, das sich jedoch nicht echt anfühlt. Resigniert knicke ich es um und denke ernsthaft daran, diese Metamorphoseaufgabe zu beenden. Es frustriert mich, dass die Aufgabenstellung so offen ist. Ich bringe nicht die Geduld auf, Übergangsphasen auszuhalten, und möchte am liebsten das Ergebnis vor mir liegen haben. Doch mit einigen Tagen Abstand gelingt es mir, einen neuen Zugang zu der Aufgabe zu finden. Ich forme eine Kugel mit einer Mulde und stülpe das Innere nach außen, und in meinen Händen liegt eine Form, die sich in beiden Händen gut anfühlt und eine fließende Bewegung erkennen lässt.

In einem letzten Schritt forme ich wieder ein Knospenblatt aus einer Kugel mit Mulde. Es tritt eine zarte Form hervor, an der ich mich jetzt erfreue.

Erweiterungen

In der Elternarbeit der Frühförderung steht den Eltern eine Vielzahl von möglichen Angeboten zur Verfügung, um den Prozess des Werdens und Vergehens als Voraussetzung für Veränderung anzuregen. So kann zum Beispiel eine Mutter dazu ermutigt werden, jede Woche nach der Stunde in der Frühförderstelle im Blumengeschäft einen kleinen Blumenstrauß zu kaufen. An dieser scheinbar unbedeutenden Tätigkeit wird geübt:

- etwas zu tun, was nicht sein muss und keiner Notwendigkeit entspricht
- sich mit dem Kind gemeinsam an etwas zu freuen
- etwas vom Ort der Therapie mitzunehmen, z. B. gemeinsam beim Aussuchen der Blumen mit dem Kind Nähe («Ja, diese Blumen hätte ich auch ausgewählt») und Grenze («Das ist nun genug für heute!»), Kontakt und Distanz, zu erproben
- die Blumen gemeinsam zu pflegen und bis zu ihrem Verwelken und Kompostieren zu beobachten
- und dadurch etwas Neues für sich, über das Kind und mit dem Kind zu erfahren.

Das Beispiel Blumenstrauß wurde einmalig angeregt. Für jede Situation und Familie wird sich eine entsprechende Anregung ergeben. Die Variationen sind unendlich, das Prinzip immer das Gleiche. Je mehr die Eltern sich in den Prozess einbringen, desto vielfältigere Ideen entstehen und werden zu individuellen und sinnvollen persönlichen Aufgabenstellungen. Jede Begegnung ist eben einzigartig.

Fallbeispiele

Im Folgenden werden fünf Kinder skizzenhaft vorgestellt und dazu ausführlich die künstlerische Tätigkeit der Eltern beschrieben.

Leonie

Ausgangslage

Leonie wird mit zwei Jahren in der Frühförderung vorgestellt. Sie ist ein Wunschkind, auf das die Eltern mehrere Jahre gewartet haben. In der 11. Schwangerschaftswoche muss die Mutter aufgrund einer parallelen Eileiterschwangerschaft operiert werden, bei der ihr Leben und das von Leonie in Gefahr sind. Die Mutter hat viel Blut verloren und erholt sich langsam. Der Fruchtwasserabgang ereignet sich tröpfchenweise zwischen der 29. und 31. Schwangerschaftswoche und wird von der Mutter, aber nicht vom Arzt bemerkt. Um Leonies Lungenreifung zu unterstützen, bekommt die Mutter zwei Tage lang vor der Geburt Cortison. Die Geburt setzt sehr spontan acht Wochen vor dem Geburtstermin ein. Wegen einer Infektion bekommen Mutter und Tochter einige Tage ein Antibiotikum. In den ersten Lebenswochen hat Leonie mehrere Atemaussetzer und bis zum eigentlichen Geburtstermin Herzrhythmusstörungen. Ihre ersten zwei Lebenswochen verbringt sie im Inkubator auf der Intensivstation. Danach liegt sie fünf Wochen in einem Wärmebett auf der Säuglingsstation. Die Mutter kümmert sich tagsüber um das Kind und pumpt in den ersten Wochen Milch ab. Insgesamt wird Leonie ein Jahr lang gestillt. Da die Muttermilch nicht ausreicht, erhält sie von Anfang zusätzlich Fertigmilch.

Leonie ist ein zartes und kleines Kind, das oft unsicher und ängstlich ist. Sie ist sehr offen gegenüber Sinnesreizen. Aus Sicht der Hausärztin besteht eine Neigung zu Bronchialinfekten und chronisch entzündlichen Veränderungen der Haut. Leonie kann im Einzelkontakt mit der Mutter spielen, in größeren Gemeinschaften ist sie ängstlich und unruhig. Es bestehen Schwierigkeiten beim Einschlafen, das anderthalb Stunden dauert. Leonie braucht die Mutter zum Einschlafen und wacht immer wieder auf, da sie die Eindrücke des Tages nicht loslassen kann. Die Hausärztin diagnostiziert unter anderem aufgrund der Frühgeburt eine Entwicklungsverzögerung mit diversen Ängsten und Unruhe. Leonie hat basale Wahrnehmungsstörungen mit einer Störung der Selbstwahrnehmung und Abgrenzungsfähigkeit. Aus diesen Gründen ist aus Sicht der Hausärztin eine pädagogische Frühförderung unter Einbeziehung der Mutter erforderlich.

Anamnese und Verlauf

Mit zwei Jahren ist Leonie ein zartes und dünnhäutiges Kind mit marmorierter Haut. Ein niedriger Muskeltonus lässt sie motorisch verlangsamt erscheinen, etwas ungeschickt, steif und ungelenkig. Die linke Körperhälfte ist schwach ausgebildet, das linke Bein zieht sie etwas nach. Wenn etwas nicht so funktioniert, wie sie möchte, bekommt Leonie einen hochroten Kopf und Herzklopfen. Außerdem klammert sie sehr an ihrer Mutter. Unter anderem wegen des hypersensiblen Tastsinns hat Leonie Angst vor dem Wind, die Fenster dürfen nicht geöffnet sein. Wenn sie draußen einen Windhauch spürt oder sieht, wie der Wind Gras und Bäume bewegt, bekommt sie Angst und möchte ins Haus zurückkehren. Darüber hinaus verhält sich Leonie im Kontakt mit anderen Kindern ängstlich. Ihre muskuläre Hypotonie (herabgesetzte Muskelspannung) versucht sie durch Zähneknirschen zu kompensieren. Um sich in ihrem Körper zu spüren, benötigt sie intensive Tiefensensibilitätsreize. Sie will ihre Schuhe ganz eng anziehen, sogar bis rote Striemen auf der Haut entstehen. Dadurch nimmt sie ihren Körper besser wahr. Die Kleidung muss sehr weich sein, und auf der Haut mag sie keine Nähte spüren. Auf Wolle reagiert sie allergisch mit Hautrötungen.

Leonie ist sicher in der Sprache und im Denken, jedoch nimmt sie ihren Körper nicht gut wahr, womit ihre körperlichen Ängste einhergehen. Damit besteht eine starke Diskrepanz zwischen ihrer sprachlichen Fähigkeit und der motorischen Entwicklung. In der Motorik und im sozialen Bereich bestehen große Unsicherheiten und Ängste. Ziel der Förderung ist die Nachreifung der basalen Sinne, vor allem der Körpereigenwahrnehmung und des Tastsinns, sowie die Stärkung des Lebenssinnes. Die Selbstwirksamkeit und das Selbstvertrauen sollen angeregt werden.

Die Frühförderstunden sind zu Beginn sehr rhythmisch aufgebaut mit Liedern, Fingerspielen und einem Bewegungsparcours. Dabei kommt es vorwiegend auf die Qualität der Interaktion an. Leonie versucht immer wieder, den Anforderungen auszuweichen, indem sie Tiere als Stellvertreter mitbringt. In der ersten Zeit der Frühförderung gelingt die Interaktion vorwiegend mittels der mitgebrachten Gegenstände. Über die kontinuierlichen Bemühungen, Leonie Resonanz zu ihrem Tun zu geben, gelingt es allmählich, sie selbst zum Gegenüber zu gewinnen. Fußbäder und Einreibungen insbesondere der Füße mit Moorlavendelöl verhelfen der stark marmorierten Haut zu besserer Durchblutung und bringen Ruhe und Wohlgefühl in die Arbeit. Die Hypersensibilität des Tastsinns beruhigt sich zunehmend. Leonie ist sehr aufgeschlossen für gute Gerüche und angenehme, gemütliche Angebote, sie kommt zur Ruhe und kann sich immer mehr auf offene Kommunikationsangebote einlassen. Im weiteren Verlauf unterbrechen wir bewusst den Rhythmus und arbeiten situativer: Bei schönem Wetter machen wir einen Spaziergang, pflücken Blumen, spielen am Bach, bringen einer uralten Kuh Möhren und halten sie dem schleimigen Maul entgegen, schneiden Obstsalat, besuchen ein Pferd, lernen, es zu striegeln und zu füttern, und reiten eine Weile regelmäßig. Der Muskeltonus reguliert sich weitgehend. Die Basissinne – insbesondere das propriozeptive System – kommen zur Nachentfaltung. Künstlerische Therapien wie Malen und Heileurythmie runden den Therapieplan ab.

Leonies Mutter kommt regelmäßig zur Elternberatung und malt während der Förderstunden Bilder zu vorgegebenen Themen. Der Vater nimmt berufsbedingt unregelmäßig teil, ist aber in alle Schritte involviert. Mutter und Kind sind sehr eng verbunden, Leonie kann sich nur schwer lösen. Schwerpunktthemen der Elternberatung sind der Umgang mit den eigenen Ängsten und vorhandenen Übertragungen aus eigenen Erfahrungen der Mutter. Darüber hinaus geht es darum, wie Leonie altersentsprechend angesprochen und zu Hause motorisch gefördert werden kann. Wie können die Eltern Vertrauen in Leonies Können entwickeln und ihr positive Signale geben, um ihre Selbstständigkeit im Kontakt zu anderen Kindern zu fördern?

Abschluss

Im sozialen Bereich hat Leonie große Fortschritte gemacht. Sie hat im Kindergarten Kontakt zu Kindern ihrer Gruppe geknüpft und spielt Rollenspiele in der Puppenecke gemeinsam mit anderen Kindern. Sie ist von der Vermeidung direkten Kontaktes zu Strategien der Kontaktaufnahme gegenüber anderen Kindern übergegangen.

Leonie hat eine starke Verbindung zur Natur. Sie fängt an zu klettern und wird dabei immer mutiger. Sie hat mehr Sicherheit in der Bewegung und Körperwahrnehmung bekommen. Ihre Widerstandskraft konnte gestärkt werden, jedoch braucht Leonie im Sozialen weiterhin Schutz.

Im Folgenden zeigen wir eine Auswahl von Bildern von Frau L. (Leonies Mutter).

«Ich wähle die Farbe Gelb und beginne mit einem hellen Zentrum. Dann male ich einen intensiv gelben Ring, der nach außen heller wird. Es folgen drei helle und drei intensiv gelbe Kreise, die über den Blattrand hinausreichen. Aus Versehen spritzen drei blaue Punkte auf das Bild.»

Es ist nicht leicht, Helles und Dunkles gleichzeitig zu sehen und zu fühlen. Beides muss sein dürfen. Im Leben geht es darum, dass wir oft zu stark idealisieren oder auf der anderen Seite einen zu starken «Defizitblick» auf ein Kind haben. Helles und Dunkles stehen immer nebeneinander.

«Diesmal wähle ich Rot und eine ovale Form. Wieder beginne ich im Zentrum. Nach außen wird das Rot intensiver.»

Wie viele Schattierungen gibt es doch zwischen Dunkel und Hell! Wie fühlt sich der zarte hellere Kern im Innern an und wie die schützende Hülle außen?

«Ich habe an gespielte Musik gedacht und einen roten Bassschlüssel auf gelben Notenlinien gemalt.»

Das lebendige Durchdringen von zwei Farben (eine ist heller, eine ist dunkler) gibt dem Bild einen lebensvollen und sofort individuellen Charakter. In der linken Bildhälfte überwiegt das zarte Gelb, und wie in einem nach oben geschlossenen Halbkreis verdichtet sich das Rot, wird zur rechten Bildhälfte geführt und senkt sich in den unteren Bildteil.

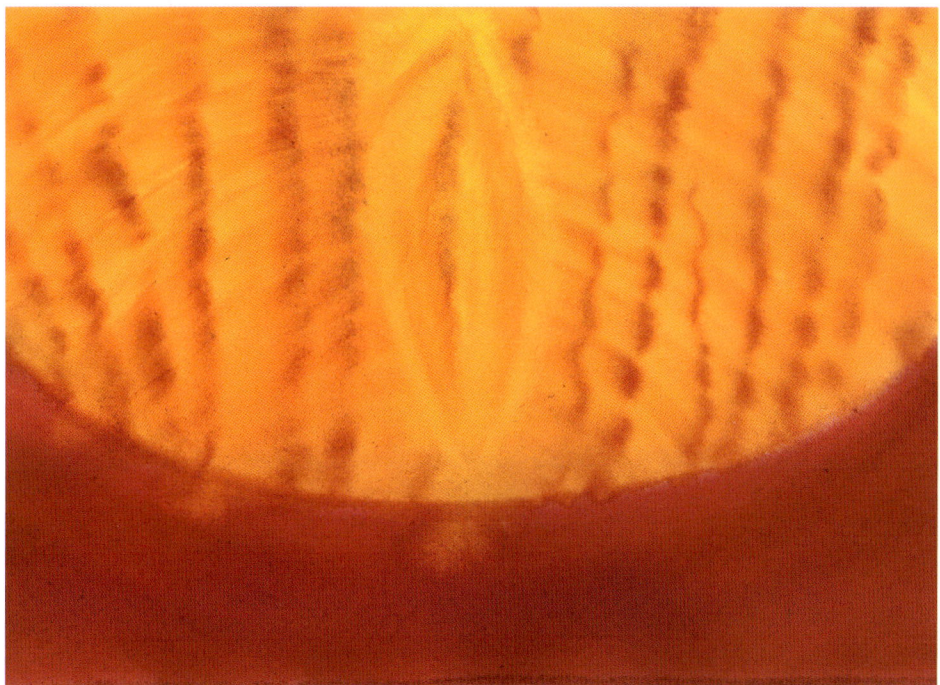

«Ich habe eine wohlige, gemütliche Farbanordnung gewählt, die an Feuer erinnert. In der Mitte ist eine Wärme ausstrahlende Flamme, die sich in einer roten Schale befindet.»

Wärme ist eine wichtige Qualität für Entwicklung und die Basis jeder Beziehung. Im unteren Bildteil liegt schalenförmig eine intensive Fläche, zwei Drittel des Bildes sind hellgelb unterlegt und mit bewegten roten Senkrechten wellenartig durchzogen. Im Zentrum deutet sich eine senkrechte rote Form an, von zwei Halbkreisen umhüllt.

«Ich bin mental unter Wasser getaucht und habe das von oben einfallende Licht gemalt.»

Eine homogene blaue Farbfläche mit einer leichten Aufhellung im oberen Bereich ist zu sehen. Wie von oben scheint das Licht die blaue Fläche durchdringen zu wollen.

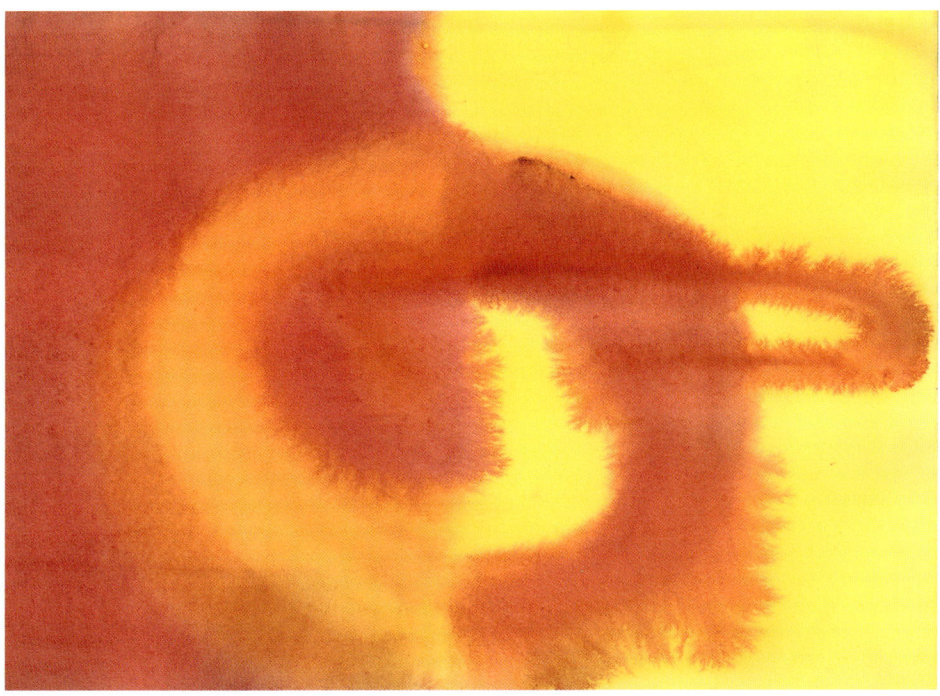

«Ich habe mit Gelb begonnen und auf der rechten Hälfte Raum für Rot gelassen. Das Gelb malt in das Rot hinein und vermischt sich zu Orange.»

Das Bild ist ungefähr hälftig in Rot und Gelb aufgeteilt. Die gelbe Farbe erzeugt auf der roten Seite eine halbkreisförmige Erhellung. Auf der rechten Seite findet sich wie ein Negativ des Halbkreises nun in roter Farbe auf dem gelben Hintergrund. Eine zusätzliche ellipsenförmige Ausbuchtung in Rot drängt nach rechts auf der gelben Seite bis zum Bildrand. Im unteren Drittel berühren sich die beiden Halbkreise nicht.

Thema: Eine Farbe für meine Tochter und eine für mich wählen.
Beide spielerischer als das letzte Mal in Beziehung bringen

«Ich habe keine Vorstellung davon, wie ich spielerischer mit Farben umgehen kann. Wieder wähle ich Gelb und Rot. Ich habe mehr farbliche Abstufungen und spielerisch-leichtere Pinselstriche angebracht.»

Wiederum wurden Gelb und Rot in der gleichen seitlichen Anordnung gewählt. Beide Farben sind spiegelbildlich versetzt angeordnet und ergänzen sich in den zur Mitte orientierten Halbkreisen. So entsteht eine Mittellinie. Ein lebendiges Ineinandergreifen von großen und kleinen zarteren Halbkreisen ist wahrzunehmen.

«Dieses Bild habe ich mit Wachsmalblöckchen gemalt. Begonnen habe ich mit der hellen Hoffnung, die von oben einfällt in ein dunkler werdendes Gebilde aus Ängsten und Zweifeln und es aushöhlt.»

In den Elterngesprächen stand vor der Konzeption oft die Trauer und Verzweiflung über die nicht eintretende Schwangerschaft im Vordergrund. In dem Bild zu diesem Thema schwingt plötzlich die farbenfrohe und lichte Bereitschaft als positive Sicht mit.

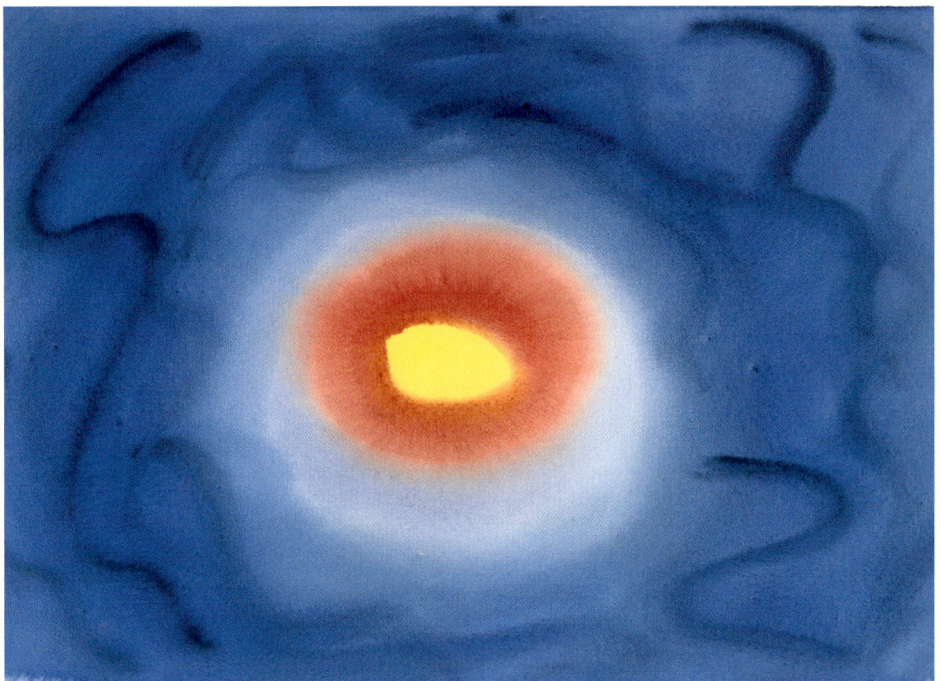

«Das Blau stellt die Ängste und Zweifel (‹Wie werde ich damit fertig, wenn ich kinderlos bleibe?›), das Gelb die Hoffnungen und das Ziel dar. Ich habe das Bild sehr schnell gemalt und bin unzufrieden mit dem Ergebnis.»

Der lichte Kern, umschlossen vom warmen Rot und eingebettet wiederum in einer Lichtaura, hält die blaue Unruhe fern. Das Bild zeigt Kraft und Zuversicht – eine Perspektive, die erst durch das Betrachten des Bildes und das anschließende Gespräch deutlich wird, während beim Malen die Vorstellung von einem mehr dramatisch-düsteren Geschehen lebt.

«Zuerst habe ich einen Embryo gemalt und will den zweiten nur schemenhaft weiter entfernt malen. Ich habe ihn dann doch neben den ersten platziert, da die beiden zusammengehören.

Das Rot steht für körperliche Schmerzen und innere Blutungen.

Die Fragen, die ich mir beim Malen stelle, lauten: Warum gab es diese Eileiterschwangerschaft? Warum durfte das zweite Kind nicht weiterleben?

Dieses Bild zu malen wühlt mich sehr auf.»

Die Zwillingsschwangerschaft, so zart und klein auf der großen roten Fläche, hat bisher noch wenig Zeit gehabt, sichtbar zu werden. Mit diesem Bild wird für die Mutter ein wichtiger Anfang gemacht, diese Fragen zu zeigen und zuzulassen.

«Tropfen für Tropfen verliere ich das Fruchtwasser und meine Tochter die schützende Hülle. Ich habe zunächst meine Tochter gemalt, die bereits mit dem Kopf nach unten liegt. Gelb steht für Licht, Leben und Hoffnung. Das Wasser umhüllt sie; oben ist wenig, unten viel. Ich habe rechts oben das Blau mit dem Pinsel entfernt und links aufgetragen.»

Frau L. malt ihr Kind in dieser Situation kurz vor der Geburt. Auffallend ist der große Kopfbereich, obwohl zu diesem Zeitpunkt die Extremitäten schon voll entwickelt sind; sie sind im Bild nur angedeutet.

«Ich habe meine Tochter liegend gemalt. Über ihr wacht ihr Engel, andere Engel sind auch anwesend. Von rechts kommen Einflüsse wie Geräusche, Licht, Menschen, gegen die sie der Engel abschirmt.»

Wir sehen das Kind wie «eingesponnen» in eine kokonartige Hülle vor dem roten Hintergrund. Über ihm wacht der beschützende Engel. Es gibt eine Welt innen: Kind und Engel. Auf der rechten Seite die Außenwelt mit ihren störenden Einflüssen. Werden sich die beiden eines Tages verbinden und durchdringen? Traut Frau L. ihrer Tochter zu, sich selbst schützen zu können? Der Engel steht für das Vertrauen.

«Dieses Bild habe ich mit der breiten Seite der Wachsmalblöcke gemalt. Ich habe im Zentrum mit Gelb begonnen und dabei vergessen, dass das Zentrum ‹licht› sein soll, und habe das Gelb kräftig gemalt. Beim Malen habe ich das Bild gedreht, um gleichmäßig Druck auszuüben.

Ich bin mit dem Ergebnis zufrieden. Die Aufgabe ist für mich mit Wachsmalblöcken besser als mit Aquarellfarben umsetzbar.»

Ein halbes Jahr nach dem ersten Versuch, Übergänge zu malen, wurde das Thema noch einmal aufgegriffen. Uns kam es so vor, als ob durch die Zwischenschritte und die Auseinandersetzung mit Warten auf die Schwangerschaft, Zwillingsschwangerschaft und Geburt nun Ruhe und Ausgeglichenheit eingetreten sind.

«Meine Tochter sehe ich als Jugendliche, die mit der Musik, dem Sport, der Natur und den Büchern verbunden ist.»

Ein helles Bild drückt die Werte aus, die die Familie ihrer Tochter mitgeben möchte. Frau L. ist glücklich, als wir das Bild anschauen. Auf meine Frage, wo sich denn die Arme und Beine ihres Kindes befinden, schaut mich die Mutter erschrocken an. Es ist ihr nicht in den Sinn gekommen, diese zu malen. Zudem stellen wir fest, dass Frau L. Leonies Arme und Beine auch im Alltag nicht gesondert wahrnimmt. Sie richtet ihre Aufmerksamkeit auf Leonies helle Augen und ihren Kopf.
An dieser Stelle wird der Mutter und mir deutlich, warum es so mühsam ist, Leonie zum Spüren ihrer Gliedmaßen zu bringen. In dem Maße, wie sie gerne redet und diskutiert, scheint es, als ob Arme und Beine nicht dazugehören würden.

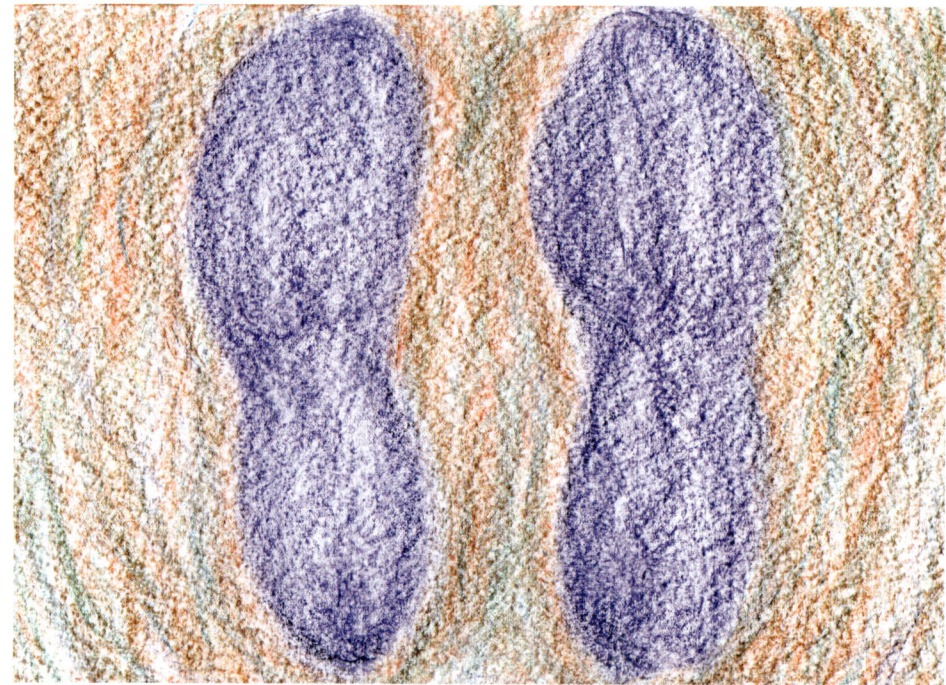

«Ich habe Füße aus der Perspektive von oben gemalt und mich von dem Muster der Betonwand im Raum vor mir inspirieren lassen.
Stehe ich gerne auf der Erde? Ich spüre wenig Bewusstsein für Erdenverbundenheit.»

Nach der vorherigen Erfahrung, dass die Mutter eigentlich nicht die Füße ihres Kindes wahrnimmt, kommt die Anregung zum Thema «Auf der Erde stehe ich gern!» von mir. Wir müssen beide lachen, als wir das Ergebnis anschauen und darauf blicken, dass dafür gerade die Vogelperspektive gewählt wurde.

«Diese Aufgabe finde ich schwierig, in einem Bild darzustellen. Ich wähle dunkle Farben. Ich bin mit dem Bild unzufrieden und würde es am liebsten wegwerfen.»

In diesem Prozess der Bildbetrachtung reift unsere Erkenntnishypothese: Braucht Leonie das Bewusstsein der Mutter von ihren Füßen? Frau L. versucht es und ist sehr ärgerlich, wie wenig es ihr gelingt, ein Bild ihrer Tochter zu malen, in dem sie fest auf dem Boden steht. Gleichzeitig stellt sie fest, wie wenig Bezug sie zu den Gliedmaßen ihrer Tochter hat.

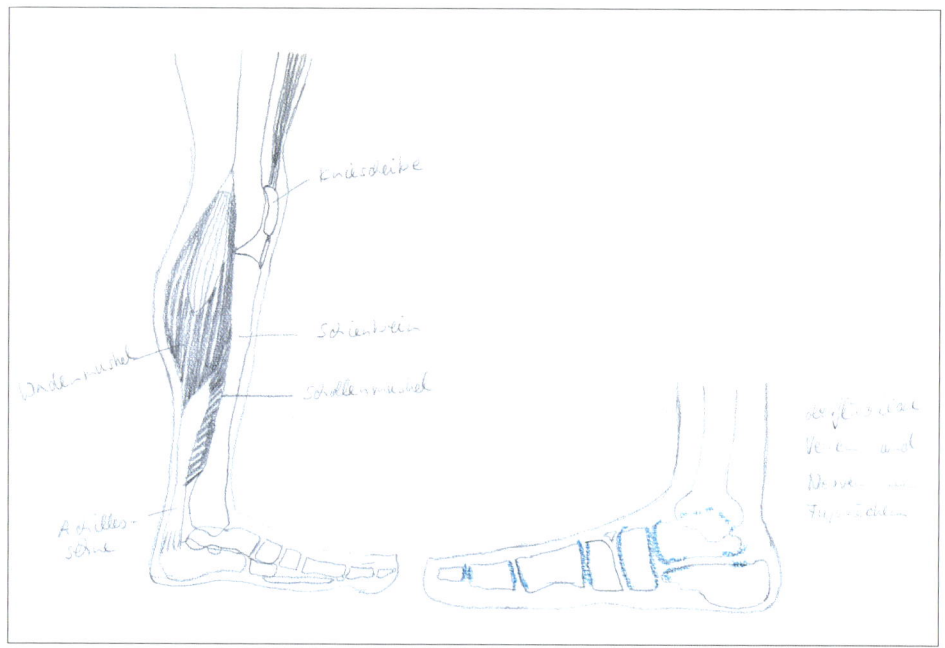

«Bereits in der Schule ist es mir gut gelungen, einen Turnschuh nachzumalen. Ich bin erleichtert, mich an konkreten Bildern orientieren und sie wiedergeben zu können. Ich beginne mit den Füßen und Beinen und male später eine Hand, ein Ohr und den Rumpf.»

Meinen Vorschlag, Abbildungen aus einem Anatomiebuch abzumalen, greift Frau L. begeistert auf. Es entstehen eine Reihe von liebevollen, sehr detaillierten Skizzen. Die Eltern und ich haben den Eindruck, einen Durchbruch im therapeutischen Verlauf von Leonie erreicht zu haben. Leonie fängt an, das Klettern zu entdecken, und in der letzten Stunde vor der Einschulung zeigt sie sehr mutige und freudige Experimente auf der Balancierstange, der Leiter und der Rutsche. Ihr gelingt es sogar, die Wand zu erklettern. Vor allem zeigt sie sich dabei freudig, entspannt und gestaltet fantasievoll immer neue Variationen im Bewegungsparcours.

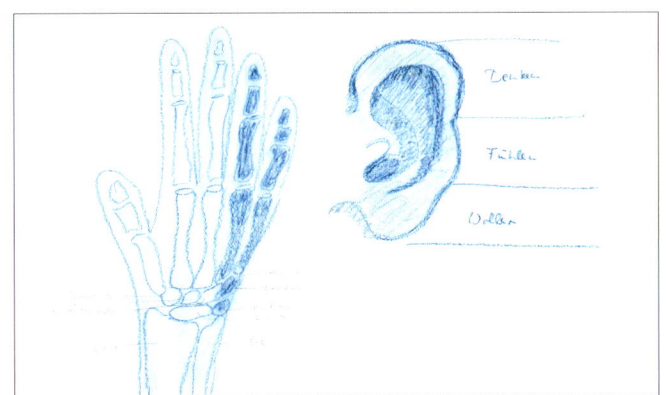

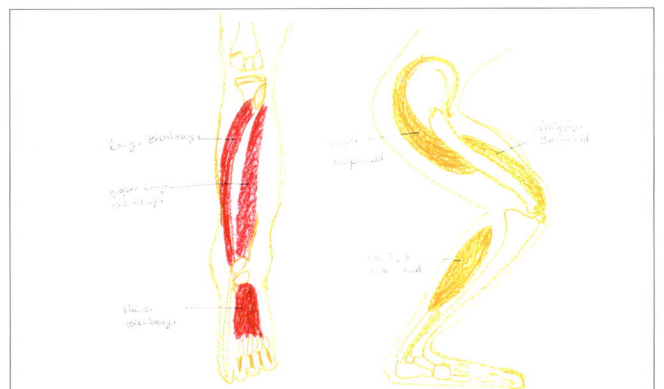

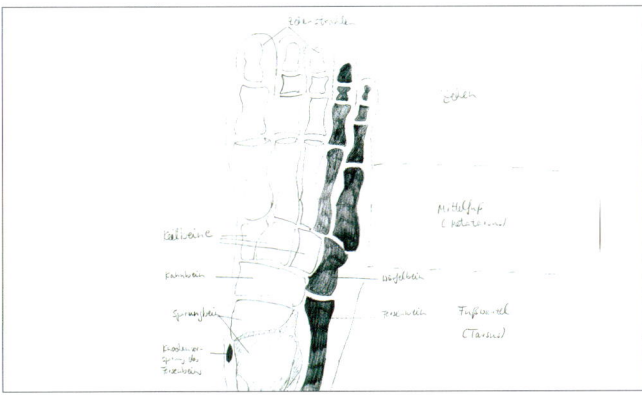

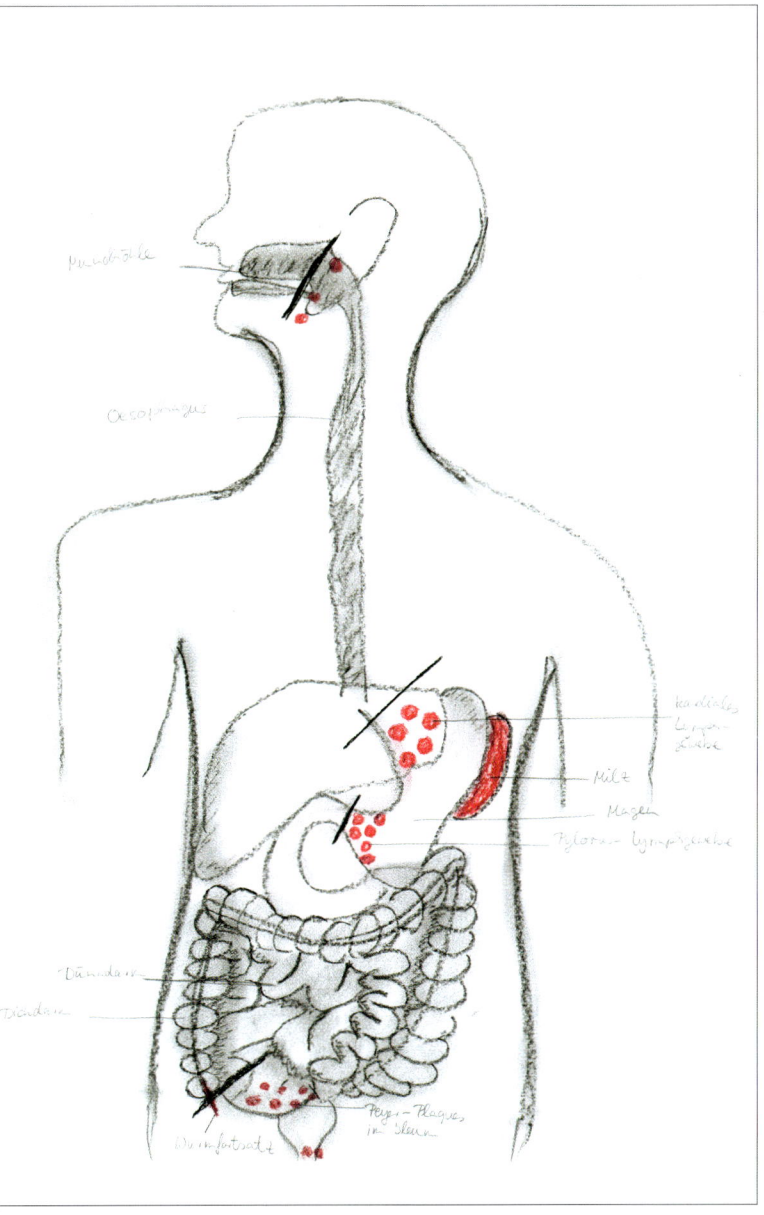

Zehn Jahre später blickt die Mutter
auf ihre Tochter und ihre Bilder

Leonie ist eine groß gewachsene Jugendliche, die mit beiden Füßen fest auf der Erde steht. Sie vertritt ihre eigenen Ansichten und hat sich einen Freundeskreis aufgebaut. Sie trainiert Leichtathletik, wobei sie sehr gerne schnell läuft. Mit Freude und Eifer spielt sie Cello. Sie durchlebt immer wieder Phasen der Kraftlosigkeit und Nervosität. Dann rufe ich mir in Erinnerung, dass alles Neue und zwischenmenschliche Spannungen an ihren Kräften zehren und ihr manchmal eine schützende Hülle fehlt.

Für mich ist das Thema «Übergänge» immer wieder aktuell. Zu Beginn einer neuen Lebensphase ist da immer wieder eine Angst vor dem Ungewissen und Trauer um das Vergangene. Aber ich erfahre, dass jede Phase uns ihre Schönheiten schenkt.

Das Anschauen der Bilder ruft tiefe Emotionen in mir hervor: zum einen die Intensität des Erlebten, zum anderen Dankbarkeit darüber, dass unser Weg schön ist.

Max

Ausgangslage

Max wird mit drei Jahren in der Frühförderung vorgestellt. Er kam per Kaiserschnitt auf die Welt, die Geburt verlief äußerlich eher unproblematisch. Die Mutter hat jedoch nach der Geburt erhebliche Probleme, die Kaiserschnittgeburt zu verarbeiten, da sie erst nach zwei Tagen Kontakt zu ihrem Kind aufnehmen konnte.

Max zeigt in seinem Verhalten Auffälligkeiten, die u. a. die Interaktion zwischen Mutter und Kind erschweren. Er kann Übergänge, die der Alltag mit sich bringt, nur schwer annehmen. Auch bereitet es ihm Mühe, Grenzen zu akzeptieren. Der Mutter fällt es so zunehmend schwerer, Grenzen zu setzen und sich Max gegenüber durchzusetzen. Er sucht permanent nach Aufmerksamkeit, muss dauernd etwas machen.

Die Mutter berichtet, dass Max schlecht zu lenken sei, weshalb sie zu Drohungen greifen müsse, um ihr Ziel zu erreichen. Dadurch hat sich eine verhakte Interaktion zwischen Mutter und Kind entwickelt. Max wiederum wendet raffinierte Strategien an, um die Mutter «auszutricksen». In der Kindergruppe neigt er bei der Verabschiedung der Mutter zu starken Trennungsängsten.

Max zeigt typische Verhaltensweisen einer sensorischen Integrationsstörung, die der behandelnde Hausarzt bestätigt. Sein Tastsinn ist hypersensibel. Deutliche Anzeichen hierfür sind, dass er Angst hat, sich schmutzig zu machen. Er mag nicht barfuß laufen ebenso wenig wie Gras und Sand anfassen. Er mag auch keine Schnupfnasen.

Seine mangelnde Körperwahrnehmung lässt ihn motorisch unsicher erscheinen. Daher ist er auch beim Spielen übervorsichtig bis ängstlich und kann sich im Sozialen schwer integrieren. Aus Überforderung und Frustration zieht er die Aufmerksamkeit der Umwelt auf sich, indem er Gegenstände zerstört. Die Folge ist, dass es im Kontakt mit anderen Kindern permanent zu Streit und Machtkämpfen kommt.

Verlauf

Im Verlauf der Frühförderung verbessert sich Max' motorische Entwicklung. Er lernt, sich erstmals auf neue Aufgaben einzulassen, und legt seine Ängstlichkeit schrittweise ab. Jedoch kommt es immer noch vor, dass er sich verweigert. Das tut er zu Hause, indem er sich dagegen sperrt, die Toilette zu benutzen, und seine Eltern dazu «zwingt», ihn eine Windel tragen zu lassen. Beide Eltern sind in einer seelisch schwierigen Phase und kommen mit ihm nur schwer zurecht. Unstimmigkeiten zwischen den Eltern führen zu Spannungen, die Max belasten, gleichzeitig aber von ihm ausgenutzt werden.

Im Fokus der Arbeit mit Max steht eine sensorische Integrationstherapie. Den basalen Körpersinnen wird die Möglichkeit der Nachreifung durch ein vielseitiges spielerisches Angebot gegeben. Durch Baden in Kirschkernen, Spielen am Bach, Laufen, Klettern, Balancieren, Schaukeln in der Hängematte werden u. a. sein Selbstbewusstsein und sein Selbstvertrauen gestärkt. Gegen Ende der Frühförderung kann er einen schwierigen Kletterparcours in Ruhe bewältigen, sogar mit einem anderen Kind zusammen. Bei Gesellschaftsspielen lernt er zu warten und zu verlieren sowie sich angemessen über Erfolg zu freuen. Sein Tastsinn hat sich durch vielfältige Angebote reguliert. Max kann sich besser abgrenzen und gleichzeitig an ihn gerichtete Anforderungen wahrnehmen.

Immer wieder taucht die Frage auf: Wie können die Eltern adäquat auf die von ihm häufig gesetzten Verweigerungen reagieren?

Im Rahmen der Elternberatung wird an Übergängen, Grenzen-Setzen und der Verbesserung des Tagesrhythmus gearbeitet. Auch die Abstimmung zwischen den Eltern und eine klare, authentische Sprache werden thematisiert. Die Mutter hat sich auf die Suche nach einer geeigneten Therapie für sich begeben. Der Vater verbringt wegen einer Erkrankung einige Zeit im Krankenhaus und anschließend in einer Reha-Einrichtung. Max' Mutter trägt über lange Zeit die alleinige Verantwortung.

Abschluss

Max kann sich inzwischen gut von der Mutter trennen. In seiner Sprache und Kommunikation ist er klarer und kooperativer geworden. Er hat in der Bewegungsentwicklung aufgeholt, und sein Selbstbewusstsein ist gestärkt. Mittlerweile lässt er sich ganz zart die Nase putzen. Mit anderen Kindern in größeren Gruppen agiert er weiterhin unsicher und provokant. Max hat aus der Frühförderung viel Positives mitgenommen, dennoch benötigt die Familie weiterhin Unterstützung. Immer wieder erlebt die Mutter Situationen, in denen sie nicht an Max herankommt. Gegen Ende der Frühförderstunden vermitteln wir den Eltern eine Kinder- und Jugendtherapie.

Bilder aus der künstlerischen Arbeit mit Frau M.

Frau M. lässt sich sehr intensiv auf die Elternarbeit ein. Sie malt regelmäßig während der Frühförderstunden ihres Sohnes und erlebt das Malen als eine Befreiung von der Unruhe und den Ängsten, die durch die Geburt und eine Reihe von Pannen danach im Verhältnis zu Max entstanden sind.

Im künstlerischen Tun erlebt Frau M., dass viele Bilder zunächst Druck in ihr aufleben lassen. Nach dem Malen und dem Gespräch darüber fühlt sie sich wie befreit und neu motiviert, auf ihren Sohn zuzugehen und immer wieder neue Versuche zu unternehmen, die Beziehung zu ihm zu gestalten.

Die Auseinandersetzung mit den aufkommenden Gefühlen beim Malen der Bilder und Schreiben der Texte sowie bei der späteren Besprechung ist für Frau M. ein wichtiger Baustein zur Aufarbeitung ihres sehr belastenden Geburtstraumas.

Zyklus A

Thema: Spiel mit zwei Farben

«Zerrissen – entzweit: die zwei Seiten meines Lebens.

Die zweite Farbe stört – irgendwie bereichert sie aber auch.

Ich kann es wider Erwarten trotzdem fließen lassen – bin unverkrampft, ohne Erwartungsdruck.

Durch das Blau wird's eng – es entsteht Druck. Mir fehlt der Raum.

Wenn ich das Blau fließen lasse und die Richtung bestimme, wird alles plötzlich viel leichter. Teilweise akzeptiert Blau sogar von allein die Grenzen, die Rot vergibt, das nimmt viel Druck!»

Die Farben sind unruhig, die Formen zackig, auch das Ineinandergreifen der Farben.

52

Thema: Zwei frei gewählte Farben

«Es pulsiert – es lebt: Rot und Gelb haben die gleichen Schwingungen. Sie umschmeicheln sich und ergänzen sich. Jeder hat genügend Freiraum – Abstand und Nähe sind selbstbestimmt.»

Schon beim zweiten Bild entstehen ein viel stärkerer Rhythmus und eine Beziehung zwischen den Farben und Formen.

«Ein alter Dachboden ist lichtdurchflutet.

Es riecht nach Mehl und warmem Getreide.

Es ist warm und Sommer – die Luft steht förmlich.

In einem sonst unheimlichen und verbotenen Raum gibt es Geborgenheit und Sicherheit. – Ich habe keine Angst, obwohl ich sie sonst hätte.

Das kommt *nie* wieder / das ist vorbei / Sehnsucht und große Traurigkeit ziehen in mir hoch. Tränen fließen über meine Wangen.»

Welche Ressourcen hat Frau M. in den Erinnerungen an die eigene Kindheit? Kann sie davon etwas für die Beziehung zu ihrem Sohn verfügbar machen? Oder ist sie noch ganz mit ihrer eigenen Sehnsucht beschäftigt?

«Geborgenheit, Nähe, Wärme, Schutz / Die Eltern sind draußen. Dort ist es kalt. Drinnen gibt es miteinander / Draußen höchstens nebeneinander, wenn nicht gegeneinander. Am liebsten würde ich das Drinnen nie verlassen / Ich bin nicht geschaffen für draußen: dort gibt es kein Leben, sondern nur den Kampf ums Überleben. Schade – das Leben ist sehr hart.
Trauer – Tränen / Wird sich das jemals ändern? Ohne Hoffnung hätte ich schon längst aufgegeben und wäre tot. So kämpfe ich weiter.»

Frau M. hat sich in ihrer Kindheit sehr isoliert gefühlt und die Menschen ihrer Umgebung wie dunkle Schatten erlebt. Ihre Zuversicht für Max' Entwicklung ist oft sehr gedämpft. Sie bemerkt, wie wenig Zutrauen sie für sich und ihr Kind sowie den gemeinsamen Weg hat. Wir sprechen darüber, ob Kindererziehung und Kämpfen gut zusammenzubringen sind oder was ihr Sohn stattdessen nötig hätte.

Zyklus B

Thema: Wie kam es zum Wunsch, ein Kind in die Welt zu setzen?

«Trauerphase

Trauer, Schmerz, Wut – stechende Blitze – Leere – Verlustangst. Beklemmung, alles tut weh, elektrisierender Schmerz. Wolken – Verdunklung – keine Zukunft – keine sinnvolle Zukunft. Ich will nicht so weitermachen wie bisher!

Das Ziel ist erreicht, damit ist es sinnlos, den Weg einfach weiterzugehen wie bisher. Besinnung – was ist mir wirklich wichtig? Worüber würde ich großen Schmerz empfinden, wenn ich es im Leben verpasste? Kind(er).

Erst muss der Schmerz sein, bevor der Entschluss kommt.»

Vor ihrer Schwangerschaft hat Frau M. bei dem Gedanken, kein Kind zu bekommen, zunächst nur diese dunklen Farben empfunden.

56

«Freude – überschwänglich – überschwappend.

Energie – Wärme – alles strahlt.

Das Herz hüpft vor Freude – so sehr, dass fast schon wieder die Luft wegbleibt.

Hurra, ein neues Leben beginnt! Das schönste Geschenk, das es gibt!»

Die Freude, die sonnenartigen Strahlen, die Frau M. malt, zeigen eine Seite, die oft «hinter Wolken» verschwindet. Sie in Erinnerung zu behalten ist notwendig.

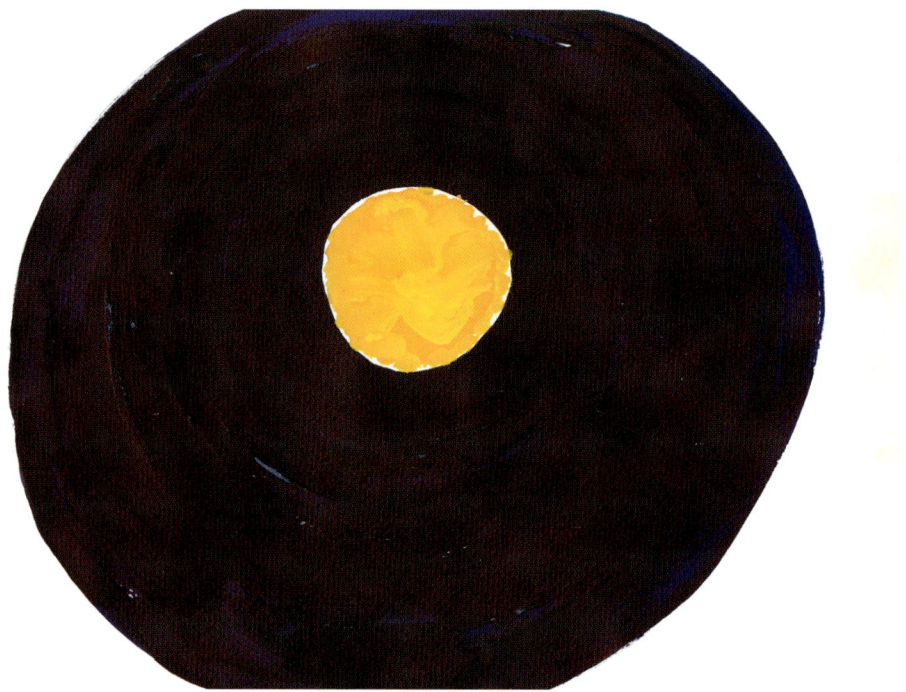

«Realisierungsphase: Ich bekomme tatsächlich ein Kind. Wie fühlt sich das an?

Angst: Schaffe ich das überhaupt?

– Komme ich mit einem Kind überhaupt zurecht?
– Schaffe ich die Arbeitsbelastung?
– Wie ist es, wenn ich nicht mehr arbeite?
– Schaffe ich es, danach wieder in den Beruf einzusteigen?
– Wie sehr belaste ich das Kind mit meinen eigenen Problemen?
– Kann ich es einem Kind überhaupt zumuten, mit mir als Mutter aufzuwachsen?

Druck / Zweifel / stärkerer Druck.

Hin- und hergerissen: Gerade habe ich ein sehr wichtiges berufliches Ziel erreicht (ein Jahr später als geplant): die Teilnahme am Frauenführungslehrgang ‹Berufsbegleitendes Training und Coaching für Frauen›. Das geht über ein Jahr und ist mir doch so wichtig / kann ich das trotzdem machen?

Dafür habe ich so lange gekämpft, und ich freue mich so darauf. Darauf will ich nicht verzichten.

Freude: grenzenlose Freude, die fast das Herz sprengt. Ein Kind entsteht, ein Leben wächst in mir.»

«Fruchtwasseruntersuchung: ja / nein; Angst davor.
Nein: Es ist gut und hat einen Sinn, wie das Leben entsteht und wächst.
Ich darf mir nicht anmaßen, Richter über Leben und Tod zu sein.»

Thema: Vorbereitung auf die Geburt

Freude

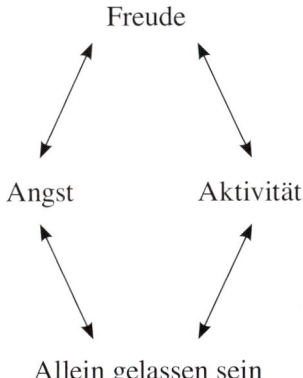

Angst   Aktivität

Allein gelassen sein

(Weiterer Kommentar der Mutter zu dem Bild auf S. 62)

«Zeit vor der Geburt

Freude auf das Baby

Will alles vorbereiten

Werde aktiv

Ich sehe Paare, die alles
zu zweit machen.

Ich muss alles allein machen:
Krankenhaus aussuchen
Geburtsvorbereitung
Babyausstattung / Möbel kaufen
Regale für den Dachboden kaufen

Ich versuche, im Büro einen ordent-
lichen Abschied hinzukriegen.

Ich freue mich darauf, nicht mehr
ins Büro zu müssen und den beruf-
lichen Druck los zu sein.

Ich freue mich auf das Baby und
habe Angst vor der Geburt.
Geht mein Mann nun mit zur Geburt
oder nicht?
Ich fühle mich vernachlässigt, bin
traurig und wütend.

Geburtsvorbereitung

Angst vor der Geburt

Werde allein gelassen

Muss mich zur Wehr setzen

Mein Mann will nicht.
Mein Mann hat keine Zeit.

Ich bin traurig.
Ich fühle mich allein gelassen.
Manchmal schaffe ich es fast nicht mehr.

Ich werde noch krank.
Ich brauche zu lange.
Ich überarbeite mich.
Ich komme in Druck.

Ich habe Angst davor, meinen Beruf
aufzugeben und abhängig zu sein,
kein Geld mehr zu verdienen.

Ich arbeite zu lange im Büro und räume
wochenlang dort Angesammeltes weg.

Ich schaffe es nicht, zu Hause aufzu-
räumen und dem Baby ein Nest zu
schaffen.»

«Trauer, Schmerzen, Verletzung

Ich habe ein Kind, ich müsste glücklich sein.

Aber mir geht es so beschissen. Ich fühle mich beschissen.

Ich kann es nicht fühlen.

Ich kann mein Kind nicht fühlen. Ich war so tapfer, ich habe so gekämpft.

Ich hatte solche Angst. Ich habe Fieber, ich habe es versucht … Und dann kann ich den Kaiserschnitt doch nicht mehr verhindern.

Es ist ein Junge, er ist gesund, wie soll er heißen?

Ich kann nicht antworten, mein Mann ist schneller.

Ich sehe ihn.

Mein Mann lässt meinen Arm los.

Sie zerren und reißen an mir.

Es tut weh.

Ich will, dass das aufhört – es tut weh – ich jammere.

Ich will nur noch mein Kind berühren. – Aber meine Hände und Arme sind festgeschnallt.

So macht doch endlich was, dass es nicht mehr weh tut.

Sie machen was – ich bin sofort weg

– ausgeschaltet

– aus der Traum.

Ich komme etwas zu mir.

Sehe orangefarbene Schatten.

Die Ärztin gibt mir einen Kuss auf die Stirn und Rescue-Tropfen. ‹Das hast du gut gemacht!› Sie streichelt mir die Wange.

Danke – es gibt doch noch Gnade auf der Welt.

Ich bin wieder weggedämmert.

‹Da bringe ich dir dein Kind›, sagt mein Mann, stellt das Gitterbettchen neben mein Bett und geht weg. Ich strecke meinen linken Arm aus. Ich komme durch das Gitter. Aber da ist noch das Polster dazwischen. Es reicht nicht. Mehr kann ich nicht bewegen, und mein Kind ist zu weit weg. Es ist keiner da, der mir hilft. Ich bin so erschöpft.

‹Mein Kind ist unerreichbar für mich.› – ‹Es ist da, aber es ist unerreichbar.›

Ich bin so enttäuscht – ich schlafe vor Erschöpfung wieder ein.

Am Morgen wache ich auf und habe Schmerzen – überall. Ich bin noch lange nicht über den Berg.

Mein Kind wird hergefahren – es schreit, ich muss heftig atmen, sonst halte ich alle diese Gefühle nicht aus, die da über mir hereinbrechen. Ich atme heftig – der Bauch schmerzt, Tränen laufen mir über die Wangen. Das halte ich nicht aus – diese höllischen Schmerzen – ich platze schier. Jetzt muss ich an mich denken. Fahrt das Kind heraus – schnell – bringt es weg – bringt mein Kind weg, bis ich es sage!»

Wenn wir Frau M. mit ihrem Sohn in der Bring- und Abholzeit sehen,
begegnet uns immer wieder das gleiche Muster:
Die Mutter kommt nicht an das Kind heran.
Sie scheint wie gelähmt und gefesselt.
Ihre Interaktionsangebote dringen nicht zu Max durch.
Er springt wie innerlich gefangen durch die Gegend.
Er nimmt seine Mutter nicht wahr.

Das Geburtsbild zeigt, was wir im Verhalten zwischen Mutter und
Sohn beobachten können: Sie kommen nicht zueinander. Zugleich
liegen im Bild zwei blaue, warme Socken am Kopf der Gebärenden.
Zwar gab es niemanden, der die Socken anreicht – aber es gibt sie!

Der Vater

«Auch der Vater ist sehr engagiert bis an den Rand seiner Kräfte und tut alles, was ihm möglich ist. Er begleitet mich vor der Geburt einen Tag lang ab 3.30 Uhr nachts bis zum anderen Morgen. Danach muss er leider wieder zur Arbeit.

Nach der Geburt hat er das Kind auf dem Bauch und den Körperkontakt zu dem Neugeborenen. Das ist für Max enorm wichtig, da ich als Mutter ihm diesen Kontakt nicht geben kann, weil ich nicht bei Bewusstsein bin.

Elf Tage lang übernachtet der Vater mit uns im Krankenhaus. Tagsüber arbeitet er und kümmert sich anschließend abends und nachts um den Sohn, weil ich so schwach und leidend bin.

Monatelang trägt er das schreiende, unruhige Baby tagsüber und nachts auf dem Arm oder fährt es im Kinderwagen spazieren, um es zu beruhigen.

Als Max in den Kindergarten geht, holt ihn sein Vater an zwei bis drei Tagen in der Woche dort ab und kümmert sich anschließend um ihn, weil ich arbeiten muss. Daraus entwickelt sich eine sehr enge Vater-Sohn-Beziehung. Die Beziehung des Vaters zu Max ist lange Zeit weitaus besser als meine Beziehung zu Max.

Nur der Vater kann Max beruhigen, wenn er Schmerzen hat oder unruhig ist.

Ich bin froh, dass mein Mann unseren Sohn besser beruhigen kann als ich, aber es ist sehr schwer für mich zu akzeptieren, dass ich dies als Mutter nicht kann.

Ich bemühe mich immer wieder um eine gute Beziehung zu Max, aber Kämpfe und Streitereien sind weitaus häufiger als gute Zeiten.

Ich muss schwer mit mir kämpfen, um auf meinen Mann wegen seiner guten Beziehung zu Max nicht eifersüchtig zu sein.»

ZYKLUS C – Beziehung zu Max

Thema: Unmittelbar nach der Geburt

«Hilflos
Jetzt / Jetzt bin ich bereit für mein Kind. Jetzt habe ich den Überlebenskampf überstanden.
Ich fühle auch wieder was anderes außer Schmerzen. *Jetzt bin ich bereit für mein Kind.*

Ein schöner Anfang für den dritten Tag. Mein Mann muss weg – keine Zeit mehr. Jetzt ist die Arbeit wichtiger. Die Schwester aus dem Kinderzimmer bringt mir das Kind. Sie muss auch weg.
Ich liege auf dem Rücken, die Brust entblößt, Max neben mir auf der Seite. Aber es klappt nicht; wir können nicht wirklich zusammenkommen. Ich kann mich keinen Zentimeter bewegen. Nur die Arme, aber ohne Kraft. Mein Rumpf ist ein einziger schwerer Wackerstein, der obendrein noch schmerzt. Wenn nicht jemand meine Rückenlehne hochstellt, kann ich mich gar nicht bewegen.
Auf die Seite rollen kann ich mich auch nicht, denn da liegt ja das Kind.
Ich fühle mich vollkommen hilflos neben meinem Kind.
Das kleine Wesen braucht mich doch jetzt. Es braucht eine starke Mutter, die es versorgen kann.
Meine Nähe, meine Wärme, meine Milch, meine Geborgenheit. Aber wie soll ich ihm das geben?
Ich selbst bin doch noch hilfloser als mein Kind. So hatte ich mir das wirklich nicht vorgestellt!
Ich läute der Schwester. Sie legt Max anders hin. Dann geht's besser. Aber die Brustwarze will nicht so, wie sie soll, und das Trinken klappt kaum. Ganz langsam gewöhnen wir uns aneinander!»

«Hässlich

Mein Kind ist hässlich – schrumpelig wie ein alter Mann. Jetzt habe ich mein Kind endlich bei mir – und ich spüre Ablehnung. Wo ist er, der große Moment, von dem mir alle erzählt haben? ‹Wenn du dein Kind endlich im Arm halten kannst, sind alle Anstrengungen vergessen. Das setzt ungeheure Energie frei!?› Ich spüre Erschöpfung, Enttäuschung. Ich fühle mich um diesen großartigen Moment – der ersten Begegnung gleich nach der Geburt – betrogen, weil ich ganz eingeschläfert wurde, sofort nachdem das Kind da war.

Ich bin von mir selbst enttäuscht, weil ich es nicht geschafft habe, mein Kind auf natürliche Art zur Welt zu bringen. Und jetzt ist mein Bauch auch noch eine einzige schmerzende Verletzung.

Jetzt habe ich auch noch Schuldgefühle, weil ich mein Kind hässlich finde. Die Hebamme sagt mir, dass das anderen Frauen manchmal auch so geht – und: ‹Aus den hässlichsten Babys werden später die hübschesten Jungs.›

Mein Mann sagt mir, dass die Schwestern Max ins Herz geschlossen haben und ihn für einen ganz Süßen halten. Ich frage mich: Was sehen die bloß? Meinen die wirklich mein Kind?

Heute ist Max fünfeinhalb Jahre alt, und ich weiß schon lange, dass mein Kind das allerschönste ist und ich bestimmt kein anderes haben will. Sein Gesicht, seine Haare, seine Hände, seine Füße, seine Haut, sein Geruch. Ich liebe einfach alles an ihm.

Andere Kinder finde ich lange nicht so schön. Nur manchmal gibt es ein anderes Kind, dem ich mich ähnlich zugewandt fühle und das ich wunderschön finde. Das kommt aber selten vor. Da habe ich schon wieder ein schlechtes Gewissen, weil ich denke, man müsste alle Kinder schön finden.»

«Alles stürzt auf mich ein. Die ersten zwei Tage nach dem Krankenhaus bin ich gleich allein mit dem Kind. Mein Mann muss arbeiten. Ich müsste doch selbst erst mal versorgt und gesund werden. Was ist mit mir? Wer kümmert sich um mich? Das Kind muss versorgt werden, nur das zählt! Wo bleibe ich? Jammer nicht so viel! Heul doch nicht! Ich darf nicht jammern! Das Kind schreit schon ständig. Immer diese Blähungen. Wann schläft er endlich? Ich will auch schlafen!

Als mein Bauch kräftiger ist, kann ich das Tragetuch umbinden. Da wird es endlich besser. Jetzt kann ich mal in Ruhe frühstücken, mit dem Kind im Tragetuch, da schläft es. Wenn nur das Gewicht nicht wäre, ständig hängen 3,5 Kilo an mir, das ist ein bisschen viel. Ich war doch froh, dass ich das Gewicht im Bauch endlich los wurde!»

Es gibt keinen gedeihlichen Raum für Mutter und Kind. Immer nur Angriff und Kampf.

«So eng wie im Bauch – dann ist es gut!
Im Tragetuch – dann ist es gut!

Kein Zweifel – es gibt nichts Sinnvolleres, als ein Baby zu versorgen und groß-
zuziehen. Aber wie bewerkstelligen?

Das Kind schreit – die Mutter leidet!
Es schreit beim Saubermachen – die Mutter leidet!
Es schreit beim Anziehen – die Mutter leidet!
Es schreit beim Einschlafen – die Mutter leidet!

Die Mutter will einfach nur schlafen – aber wann schläft das Kind?
Die Mutter hat selbst schon genug Schmerzen, schließlich ist ein Kaiserschnitt auch eine Operation.
Es ist schön, ein Kind zu haben!
Ein Kind ist das Beste auf der Welt, das es gibt. Aber wo bleiben sie, die Momente, in denen das Kind auch mal zufrieden ist und nicht schreit? Wo wir das Zusammensein einfach mal genießen könnten? Irgendwie schreit das Kind ständig. Beim Saubermachen, beim Anziehen, nach dem Stillen, beim Einschlafen.
Ständig bin ich müde und erschöpft. Die ersten drei Jahre schläft er überhaupt nicht durch. Aber ich – ich möchte am liebsten drei Jahre lang nur schlafen!

Es ist niemand da,
keine Mutter, keine Schwiegermutter,
keine Tante, keine Freunde,
niemand, der mal vorbeikommt und das Kind einfach mal auf den Arm nimmt oder mit ihm spazieren geht.

Wohl, es gibt sie – aber sie wohnen alle zu weit weg.
Wir fahren eine Woche zu Besuch dorthin. Nie wusste ich es besser zu schätzen, dass ich bekocht wurde und dass jemand für mich und mein Kind sorgte, als zu dieser Zeit. Als wir wieder zurück sind, ist es wieder wie vorher.
    Nur mein Mann ist da – und der ist selbst vom ständigen Umhertragen des Kindes und dem Geschrei erschöpft.»

Thema: Die Kämpfe

«Eigentlich haben wir doch eine gute Beziehung. Manchmal ist das Miteinander spielerisch, leicht, lustig, es macht Spaß, wir lachen viel. Wir lieben uns und gehen achtsam miteinander um. Schwierigkeiten sind dann keine Hindernisse. Wir umschiffen sie einfach gemeinsam. Aber das alles wird überlagert – überlagert von den dunklen Zeiten. Weigerung, Kämpfe, Anschreien, Grenzen, Verhärtung. Alles stockt. Meistens gibt es Zeitdruck. Die alltäglichsten Dinge werden zum ständigen Kampf. Anziehen, Zähneputzen, Toilettengang, Windeln wechseln, Beenden des Spiels, Aufräumen, zu Bett gehen.

Ich will nicht mehr! Ich kann nicht mehr! Gerade war's noch schön. Schon geht wieder der Kampf los. Rückenschmerzen, Magenschmerzen, ich bekomme keine Luft, ich schreie. Ich schreie, um mir wieder Luft zu verschaffen. Am liebsten würde ich wegrennen oder, noch besser, alles andere wegschieben.

Wirbelsäule hart – starr – Rückgrat: Auf dem Bild entsteht durch die Kämpfe das Rückgrat, aber es ist starr und unbeweglich. Wie zeige ich Rückgrat, ohne zu schreien und Schmerzen zu haben?»

«Sonnig, mit strahlenden, fragenden Augen, manchmal überschattet mit einer tief sitzenden Traurigkeit und Zerrissenheit. Ich bin orange. Ich gleite an ihm ab.

Manchmal bekomme ich Widerstand zu spüren – spitze Stacheln, die mir ganz schön zusetzen, immer dann, wenn ich will, dass er etwas tun soll, was er nicht will. Aus allen Richtungen kommen mir Stacheln entgegen, Arme und Beine, die schlagen und treten. Tausend Fragen und Argumente, mit denen ich kämpfe. – Und die ganze Scheiße, die mir seit sechseinhalb Jahren entgegenkommt und die ich immer noch wegputze.

Manchmal, wenn die ganzen langen Haare abgeschnitten wurden, denke ich, wie zart er doch ist – und innen alles voller Muskeln: Mama, hilf mir, ich kann es doch nicht – ich habe Angst. Ich sehe diesen zarten hilflosen Teil – und ich helfe. Wo soll ich helfen? Wo nicht? Manchmal weiß ich es nicht. Manchmal schaffen wir es, wunderbar miteinander umzugehen. Manchmal kämpfen wir erbittert. – Ich gleite an ihm ab.

Das Rote auf dem Bild sind meine Blutstropfen. Der Schmerz und die Verzweiflung darüber, dass irgendetwas zwischen uns nicht stimmt. Tief innen leidet mein Kind. Tief innen leide ich. Im Grunde verstehen wir uns doch ganz gut. Wir lieben einander von ganzem Herzen – und es tut doch weh!»

Max hat auf dem Bild eine Gestalt wie ein Vögelchen, das aus dem Nest gefallen ist. Der Mund lacht nicht, die Augen sehen alles. Er ist mit seinen Zacken in einem Spalt gefangen.

«Wir halten uns / Wir lieben uns / Wir brauchen uns / Wir gehören zusammen /
Wir sind eine Familie / Sind wir eine Familie?
Irgendetwas fehlt / Wir hängen in der Luft / Uns fehlt der Boden unter den Füßen,
Vor lauter Stress fehlt uns die Freude, das Lachen, die Sicherheit.»

«Konstruieren, bauen, mit den Händen arbeiten. Das ist wichtig für ihn und befriedigt ihn. Er wird eine Arbeit machen, bei der ein Ergebnis zu sehen ist. Es wird dabei etwas entstehen.

Es macht ihm viel Freude und er macht es sehr gut.

Bäume, Blumen, die Natur, die liebt er genauso. Die braucht er genauso sehr.

Er hat ein schönes Zuhause, in das er nach vielen Exkursionen immer wieder gerne zurückkehrt.

Er ist ein fröhlicher, leuchtender Mensch, den alle gerne um sich haben.

Manchmal ist er fast wie in einer anderen Welt, inmitten all der Dinge, die er liebt.

Damit er nicht ganz abhebt, habe ich ihm Boden unter den Füßen gemalt.»

Zyklus D – Der Ausblick

Thema: Das Problem

«Mein Problem / Verworren / Wirr / Kein Durchkommen / Kein Durchblick / Ich bin gefangen / Ich bin gefesselt / Wie gelähmt / Ich bekomme keine Luft / Alles schwarz um mich herum.

Es klebt an mir / Ich kämpfe mich durch, gehe immer weiter / Aber es hört nicht auf / Es ist immer um mich herum.

Die anderen sehen es nicht / Sie merken nur, dass ich nicht funktioniere / Sie denken, dass ich nicht will.

Manchmal geht es ja auch / Meistens dauert aber alles viel länger / Und manches geht gar nicht.

Das klebrige Schwarz hat auch meine Seele und mein Herz gefangen.»

Thema: Die Lösung

«Alles ist klar
So eindeutig
Keine Zweifel
Das Ziel zieht mich magisch an
Alles ist voller Kraft und Energie

Ich spüre mich
Ich spüre das Leben

Ich freue mich, dass ich lebe.»

«Es ist mein Weg. Ganz allein mein Weg. Andere merken vielleicht nicht einmal, dass es überhaupt ein Weg ist.

Keine Straße
Keine Begrenzung
Keine Betonwüste
Bunte Trittsteine aus Keramik
Drumherum fließt etwas Wasser,
nicht hoch, aber es fließt
ohne die Trittsteine bekäme ich nasse Schuhe
aber wenn ich aus Versehen mal daneben trete, ist es auch nicht schlimm
Der Weg macht Spaß, er engt mich nicht ein
Es macht Freude, ihn zu gehen

Auch Pflanzen, Bäume und Gärten bereichern meinen Weg
Auf meinem Weg bin ich nicht schnell, ja sogar eher langsam

Ich sehe mein Ziel nicht mehr, aber der Weg stimmt
Ich will nicht auf einer Betonstraße laufen, auf dem Weg zu einem Ziel, das nicht meines ist

Wenn ich mein Ziel erkenne, zieht es mich so magisch an, dass ich dorthin fliegen kann
Bis dahin gehe ich meinen schönen Weg entlang.»

Zehn Jahre später blickt die Mutter
auf ihre Bilder und ihren Sohn

Max besucht zuerst die Vorklasse, weil er trotz Schulreife am Probetag zur ersten Klasse zu unruhig ist, um dem Unterricht konzentriert zu folgen. In der zweiten Klasse wird bei ihm nach einem Test bei einem freien Institut – der auf eigenes Betreiben durchgeführt wird – eine Lese- und Rechtschreibschwäche festgestellt. Später wird – nach langer Odyssee – noch ADHS diagnostiziert, das im Laufe der Jahre in ADS umschlägt.

Zur Therapie von LRS und ADHS besucht Max – sehr erfolgreich – einige Jahre die Praxis für ganzheitliches Lernen.

Nach der Grundschule hat er einen Notendurchschnitt von 1,8. Weil eine Realschule feste Strukturen hat, wird uns diese Schulform als weiterführende Schule empfohlen. Die Grundschullehrerin empfiehlt eine integrierte Gesamtschule.

Auf der Realschule erreicht Max das Klassenziel der sechsten Klasse nicht. Er weigert sich, die sechste Klasse zu wiederholen, und wechselt in die siebte Klasse einer Hauptschule mit Realschulklasse. Dort fühlt er sich dann wieder wohl und macht zuerst seinen qualifizierenden Hauptschulabschluss und dann den qualifizierenden Realschulabschluss mit einem Schnitt von 2,0.

Als er eine Ausbildung zum Elektroniker für Betriebstechnik machen will, wird bei der Einstellungsuntersuchung eine Rot-Grün-Sehschwäche festgestellt. Weil das in diesem Beruf zu Lebensgefahr führen kann, bekommt er den Ausbildungsplatz nicht. Seit sechs Monaten macht Max nun eine sehr anspruchsvolle Ausbildung als Medizinischtechnischer Assistent. Das macht ihm Spaß, und er fühlt sich dort wohl.

Aus meiner Sicht ist die Frühförderung ein überaus wichtiger Baustein in der Entwicklung von Max. Dort wurden sehr wichtige Grundlagen gelegt, auf denen die späteren Therapien überhaupt erst aufbauen konnten.

Auch für mich als Mutter war die begleitende Elternarbeit sehr wichtig. Dort konnte ich in Gesprächen, Bildern und Texten die Nöte und Sorgen ausdrücken, die mich ständig belasteten. Ich wurde ja in der Erziehung dauernd mit meiner eigenen Kindheit und meinen Traumata sowie meinen Schwächen und Schuldgefühlen konfrontiert. Mithilfe der Elternarbeit konnte ich vieles davon verarbeiten und hinter mir lassen. Noch während der Frühförderung habe ich eine Verhaltenstherapie begonnen und später eine Traumatherapie gemacht.

Mit einer Coaching-Ausbildung und der Ausbildung und Prüfung zur Heilpraktikerin für Psychotherapie habe ich meinen Weg konsequent fortgesetzt. Die Arbeit mit meinen Klienten macht mir viel Freude.

Max ist heute ein aufgeweckter, freundlicher, intelligenter und beliebter junger Mann.

Er hat sich – trotz aller Schwierigkeiten – wunderbar positiv entwickelt.

Ich bin sehr stolz auf ihn.

Wir haben jetzt eine sehr gute Beziehung zueinander.

Ich möchte allen Eltern Mut machen, sich Hilfe zu holen, wenn es in der Erziehung und in der Beziehung zu ihren Kindern schwierig wird. Ich durfte sehr viel dazulernen. Wenn Kinder schwierig sind, lohnt es sich auch für die Eltern, an sich selbst zu arbeiten und sich selbst weiterzuentwickeln. Es lohnt sich, trotz aller Widerstände dranzubleiben. Ich habe immer nach einem Weg gesucht, die Unterstützung zu finden, die wir gebraucht haben.

Der Frühförderstelle am «hof» und seinen engagierten Pädagogen und Therapeuten danke ich ganz besonders für die Unterstützung, die wir in der Zeit der Frühförderung erhalten haben. Ich wünsche noch ganz vielen Kindern und Eltern, dass sie – im Haus des Kindes – durch die Frühförderung und Elternarbeit so viel gute Begleitung und Hilfe bekommen wie wir.

Leon

Ausgangslage

Leon wird im Alter von 28 Monaten in der Frühförderstelle vorgestellt. Die Mutter berichtet, dass die Schwangerschaft unkompliziert gewesen sei, bis sie mit Wehen ins Krankenhaus gekommen sei. Leon kommt per Notsectio (kurzfristige Entscheidung für eine Kaiserschnittgeburt) zur Welt, da erbsenbreiartiges Fruchtwasser und ein pathologisches CTG (Wehenschreiber) festgestellt werden. Nach der Geburt verbringt Leon einige Tage im Sauerstoffkasten und zehn Tage an der Herz-Lungen-Maschine. Er leidet an einer Sepsis (schweren Entzündungsreaktion des Körpers) und Lungenversagen und liegt deshalb wochenlang auf der Kinderintensivstation. Die Eltern sind sehr besorgt um seine Entwicklung, insbesondere in Bezug auf die Sprachentwicklung. In der Motorik ist Leon unsicher und verhalten. Es wird ein Nystagmus (Augenzittern) diagnostiziert.

Verlauf

Bei Beginn der Frühförderung ist Leon vor allem wuselig und schnell. Er vermeidet die direkte Kommunikation. Er ist immer bemüht, den Anforderungen gerecht zu werden, und kann seine Bedürfnisse dabei nur unzureichend äußern. Das lässt ihn schnell erschöpft und überfordert sein. Ziel ist es, Dinge ohne Stress zu tun, damit er seine erhöhte Körperspannung allmählich abbauen und mehr Freude und Bestätigung aus seinem Tun schöpfen kann.

Leon hat eine basale Wahrnehmungsstörung, die ihn in seiner Erlebnisfähigkeit wie auch sensorischen und motorischen Entwicklung bremst. Da er im Bereich der Tiefensensibilität hyposensibel ist (in der Eigenwahrnehmung sensorisch unterempfindlich), helfen ihm intensive Sinneserfahrungen in einem Kirschkernbad, in dem er mit schweren Sandsäckchen bedeckt liegt, sich besser zu spüren. Ebenfalls kommt er bei Fußbädern und anschließenden Einreibungen zur Ruhe. Die Kommunikation wird angebahnt durch das warme Wasser der Fußbäder, die in einer vertrauensvollen Atmosphäre stattfinden und helfen, den Kontakt zu intensivieren.

Im weiteren Verlauf bekommt Leon grob- und feinmotorische Angebote, in denen er Bewegungsplanung und -übergänge am Kletterparcours üben kann. Eine besondere Erfahrung für ihn ist das Springen aus unterschiedlichen Höhen auf verschiedene Untergründe. Dies fördert seine Aufrichte und Präsenz, sodass er im Anschluss an diese Übungen im Hier und Jetzt angekommen zu sein scheint.

Durch die intensive Arbeit an den basalen Sinnen erlebt sich Leon stabiler in seinem Körper, er wird ruhiger und sicherer in seinen Bewegungen. Leon kann intensiveren Kontakt zulassen, und sein Selbstbewusstsein sowie ein Kohärenzgefühl (Zugehörigkeitsgefühl) werden gestärkt, was sich positiv im Umgang mit der Familie und Gleichaltrigen auswirkt.

In der letzten Zeit der Frühförderung kommt Leon gerne in die Stunden und nimmt mit stillem Eifer und sehr bemüht alle Aufgabenstellungen gut an. Sowohl seine motorischen und handwerklichen Fähigkeiten als auch seine Durchhaltekraft und Frustrationsfähigkeit haben sich sehr gut entwickelt. Er zeigt sich in jeder Weise geschickt und ist leicht zu motivieren; eine unterschwellige Ängstlichkeit und Unsicherheit ist dennoch spürbar. Am Ende der Stunden schlägt Leon im Umgang mit seiner Mutter manchmal einen sehr dominanten, eigenwilligen Ton an, der im Kontrast zu dem angepassten Verhalten in der Förderung steht.

Die Gespräche mit der Mutter finden regelmäßig statt, der Vater beteiligt sich ebenfalls, allerdings unregelmäßig. Unser Augenmerk liegt darauf, das Vertrauen der Eltern zu stärken, ihnen die Fähigkeiten des Sohnes zu zeigen und sie ebenfalls von dem Stress zu befreien, Leon müsse noch vieles nachholen. Wir beratschlagen die Schulsituation und bestärken sie in ihren Sichtweisen. Gelassenheit und Vertrauen sind ihnen nicht immer gegeben; allerdings sehen sie sehr schnell ein, dass diese für Leons Wohlergehen sehr wichtig sind.

Abschluss

Die Frühförderung für Leon ist insgesamt eine sehr erfolgreiche Maßnahme. Er hat seine Fähigkeiten entdecken können, was ihm zu einem stärkeren Selbstbewusstsein verhilft und ihn im sozialen Kontakt entspannt und sicher auftreten lässt. Insbesondere trägt die Elternarbeit wesentlich zum positiven Verlauf bei. In den Gesprächen werden langfristige Weichen gestellt, wie z. B. die Schulwahl. Die Mutter wird sich mancher unbewussten Angst und Belastung u. a. durch die künstlerische Betätigung bewusst. Sie kann diese sowohl besser annehmen als auch verarbeiten und sich mit der für ihr eigenes Leben gestellten Schicksalsaufgabe verbinden.

Im Folgenden zeigen wir eine Auswahl von Bildern von Frau L. (Leons Mutter).

«Wunderschöner, sonniger Sommertag, morgens um 10 Uhr alles o.k. bei der Routinekontrolle beim Frauenarzt. Kündigt Wehenbelastungstest für nächsten Tag an. Mittags Wehen, meine Schwester ist da, um sich um meine Tochter A. zu kümmern. Alles bereit, alles Nötige gerichtet etc., Freude – bald ist Leon da! Zur Entspannung in die Badewanne, mein Mann kommt nach Hause, eine Stunde später los in die Klinik.»

Frau L. und ihre Tochter sind «im Boot» (Badewanne), das wie auf hoher See schaukelt. Die Schwester steht auf der Seite ihres Hauptes. Frau L. hat sich sehr auf ihr zweites Kind gefreut, und äußerlich ist alles entspannt und vorbereitet. Im Bild sehen wir die dunkle Badewanne, den dunklen Boden, und trotz des warmen Rots und Gelbs in der oberen Bildhälfte wirkt die «Sonnenstimmung» dramatisch.

«Fahrstuhl hoch zum Kreißsaal, kurz warten – zwei Kreißsäle belegt, Frage vom Professor: ‹Weswegen sind Sie hier?› – Ich: ‹Wehen alle drei Minuten.› – Die Schwester bringt uns in den letzten freien Kreißsaal, versucht CTG anzulegen. Klappt nicht. Als es endlich klappt, Herztöne von Leon schlecht, der Professor kommt dazu, komische Stimmung: Fragt mich, was war, warum ich ein Bad genommen hätte. Katastrophe!

Alles geht jetzt schnell: Wenn ich meinen Sohn gesund zur Welt bringen will, dann sofort per Notsectio. Keine Diskussion (Homöopathie, Akupunktur?), OP wird vorbereitet, Narkose (Anästhesist ist entsetzt, dass ich gerade noch Mittag gegessen hatte). Hektik, und schon bin ich weg.»

Wieder sind die Farben Gelb, Blau und Rot gewählt worden. Dieses Mal ist das Rot der Boden, und die Mediziner sind in Blau dargestellt. Ohne Gesicht, ohne differenzierte Körper sind die Gestalten schemenhaft dargestellt. Frau L. und ihr Mann sind dagegen gelb gemalt, die Gesichter verschattet.

Es gibt keinen Kontakt im Bild zwischen den Gestalten, keine Berührung. Ein Wahrnehmen scheint nicht mehr möglich, und auch die Gebärende lässt sich nicht mehr wahrnehmen.

«Einzelzimmer, draußen dunkel, mein Mann gibt mir einen Zitronenstick, bin wie gelähmt. Polaroid von Leon. Er liegt auf der Kinderstation, um sich zu erholen. Am nächsten Tag im Rollstuhl zu ihm. Mittags Nachricht, dass es Leon schlechter geht, er muss in die Kinderklinik nach Höchst, Sonntag dann sogar weiter nach Mannheim. Wir stehen am Abgrund.»

Auf dem Bild sind ein kleines und ein großes Fenster zu sehen. Allein, «nackt und bloß» liegt das Kind in dem einen Fenster, während Frau L. und ihr Mann sich im größeren Fenster befinden. Das Krankenhauskreuz ist dort zu sehen. Außerhalb im unteren Bild ein zackenförmig-bergiges Gebilde, ganz klein eine winzige, rote Figur über dem Abgrund.

90

«Unruhe – irgendetwas stimmt nicht. Vorwurf, dass ich gebadet habe, das Schlimmste, was Frau immer macht! Schlechtes Gewissen.»

Zu sehen ist ein «schwebendes» Bett. Darauf liegt Frau L. Über ihr die Wolke der Ungewissheit. Der Arzt steht fest auf seinen Füßen, sein Gesicht ist hohl. Wie auch in den vergangenen Bildern ist er blau dargestellt.

«a) In der Klinik: überfordert mit der Situation. Rückzug, Aufgabe von Leon, Vorschlag, abzustillen. Wir glauben an Leon. Vierter Tag nach Geburt: unsere Tochter A. zu Besuch bei mir, mit Bett hoch und runter, das erste Mal Leben von außen.»

Der Ausschnitt zeigt ein «Familienstillleben» mit Vater, Mutter und zwei Kindern in einem medaillonförmigen Rahmen. Der Rahmen im schraffierten, feurigen Rot. Wieder ein gesichtsloser, schemenhafter Arzt oder Pfleger. Er trägt das Kind wie schwebend. Darunter ein roter Krankenwagen.

«b) Mannheim: positiv, liebevoller Umgang. Superteam, mit Leon und uns geredet, nie das Gefühl zu stören, trotz der Geräte.»

Ganz schmal nur ist hier das Blau am Boden. Die Umgebung erscheint aufgelichtet durch unruhige Pinselsetzung. Die Mutter im Gespräch mit dem Arzt. Das linke Geschehen hebt sich fast gar nicht vom Hintergrund ab. Armaturen und Geräte dominieren in der Bildmitte in dunkelroter und grünblauer Farbe.

«Leon in der Wiege im Wohnzimmer, behutsame Annäherung – mit seiner Schwester A., Leon und ich tagsüber. Brauche viel Zeit zum Stillen, Leon noch sehr schwach – ich bin erschöpft – wie ist alles zu schaffen?»

Leon liegt in der blauen Wiege, die Schwester steht daneben, die Mutter am Fußende. In diesem Bild sind ihre Schultern sehr hochgezogen, nach unten hin scheint sie leichter zu werden. Der Boden ist in derselben Farbe wie die menschlichen Gestalten gehalten.

«Meine Kinder A. und Leon beschäftigen sich. Ich habe zu tun – ein schlechtes Gewissen, zu wenig Zeit, um den beiden gerecht zu werden. Ich schiebe einen riesigen Berg an unerledigten Dingen vor mir her. Bin angespannt, kann den Augenblick schlecht genießen, bin mit Gedanken immer schon weiter.»

Leon und seine Schwester A. sitzen auf einem «fliegenden Teppich» dicht beieinander. Ihre Bildszene ist abgegrenzt von der Umgebung. Die Mutter, in brauner Farbe gehalten, steht mit dem Rücken zu den Kindern und ist für sich tätig.
Im Gespräch über dieses Bild wird deutlich, dass Frau L. diejenige sein muss, die sich «umdreht». All die Traumata des vergangenen Jahres halten sie davon ab. Wir suchen nach Möglichkeiten, wie sie diese aufarbeiten und sich selbst regenerieren kann.

«A. in ihrem Zimmer – mit ihren Puppen, Büchern, Geschichten, Musik – zieht sich gerne zurück, braucht ihre Ruhe – ruht in sich.

Leon ist gerne draußen und in Bewegung, probiert sich ständig aus, neugierig, buddelt, matscht, klettert, fährt mit dem Laufrad einfach zu seinem Freund (wir haben ihn zu zweit dann eine halbe Stunde gesucht).»

Einerseits lebt in dem Bild die Freude über die Bewegungsmöglichkeiten und vielfältigen Tätigkeiten der Kinder. Zugleich wird im Bild deutlich, dass die Hülle für diese Dynamik nicht gegeben ist. Was könnten Gründe sein für die hüllenlosen, einsamen Szenen?

«Vage Erinnerung: ich im weißen Gitterbett vor der Glasscheibe – draußen vor dem Fenster ältere Jungen, die sich lustig machen. Habe mit Nägelkauen angefangen.»

Wir suchen im Gespräch nach Erinnerungen in der eigenen Kindheit. Als hätte sich mit Leons Lebensanfang ein biografisches Lebenstrauma wiederholt. Gemeinsam sehen wir eine Chance, den Blick auf die Hüllenbildung zu lenken.
In dieser Phase stellt die Familie alle bisherigen Erziehungswerte infrage. Wir schaffen es gemeinsam, Leon weniger in seiner Leistung als in seinen Qualitäten zu beschreiben und anzuschauen. Medizinisch ereignen sich in dieser Phase kleine Wunder, u. a. verbessert sich seine Sehstärke für die Ärzte unerwartet massiv.

«Leon ist sehr lebhaft – kommt aber gerne zum Kuscheln, wenn er möchte. Ich kann ihn gut ‹loslassen› – er probiert viel aus, ich habe Vertrauen in ihn. Ängste kommen selten hoch, z. B. als eine Zecke in seinem Kopf steckt, oder Erinnerungen, wenn ein Krankenwagen vorbeifährt – bin eher dankbar, dass es ihm so gut geht.»

Mutter und Sohn sind untrennbar ineinander verschlungen. Die übergroßen Arme der Mutter bilden eine Hülle, die unten noch offen ist. Im Bild ist zusätzlich eine farbliche Umgebung dargestellt. Es sind neue Farben. Die untere Bildhälfte locker, licht und lachsfarben, oben schwerer und dunkelgrün-blau. Der Kopf der Mutter ist noch in diesem Bereich dargestellt.

«Er steht mit beiden Beinen fest auf – hat noch Großes vor im Leben, er ist ein Kämpfer – aber ist nicht allein.»

Der dichte lachsfarbene Boden hat eine Einkerbung – in ihr steht Leon wie in der Erde. Seine Arme sind nach oben gehoben wie bei einem kleinen Kind, das Laufen übt. Der obere Bildteil ist blaugrün gehalten, wobei die Pinselstriche nicht mehr kurz abgesetzt sind. Rechts drei Personen, die sich berühren. Sie scheinen zu schweben. Links zwei angedeutete Bäume.

Die dramatische und traumatische Geburt hat – obwohl Leon eine überraschend gute Entwicklung genommen hat – doch immer wieder den Alltag und die Beziehung der Eltern zu ihrem Kind belastet: Ist wirklich alles in Ordnung? Haben wir etwas übersehen? Wird ihn der Nystagmus in der Schule beim Lernen belasten oder behindern? Immer wieder berichten die Eltern über seine motorischen Fortschritte. Das können wir in der Frühförderung bestätigen, und gleichzeitig gilt unsere Aufmerksamkeit weniger der Quantität als der Qualität seines Tuns und seiner Beziehung zur Umgebung. Vor dem Hintergrund dieser Erkenntnis entstehen eine große Beruhigung und eine neu erarbeitete «Hülle», die mehr das Innenleben der Familie betrifft – wie es auch auf dem letzten gemalten Bild zu sehen ist.

Zehn Jahre später blickt die Mutter
auf ihren Sohn und ihre Bilder

Leons Entwicklung während der letzten zehn Jahre war stetig und von guten Fortschritten geprägt. Er besucht heute die 9. Klasse einer Waldorfschule und hat viel Freude am Schaffen und Gestalten (Theater, Gartenbau, Landbaupraktikum). Er ist ein sehr zuverlässiger, leiser Schüler, der bis zur 8. Klasse gut mitkommt. Unterstützend erhält er Heileurythmie, um ihn zu «erden». Aufgrund des Nystagmus (Augenzittern mit sechs Bewegungen pro Wort; ca. 34 % Sehfähigkeit) ist er schnell ermüdet und benötigt Pausen. Mit zunehmendem Lerntempo und höheren Anforderungen fällt es ihm schwer, die nötige Zeit für eine Durchdringung der Themen und Fächer aufzubringen.

Die Trennung der Eltern im Jahr 2012 belastet ihn über lange Zeit stark emotional.

Mit fünfzehn Jahren ist Leon ein angenehmer, positiv eingestellter Jugendlicher. Er nimmt sich sehr zurück, und ich ermutige ihn öfters, auf sein Bauchgefühl zu vertrauen und auch zu äußern, wenn es ihm in einer Situation nicht gut geht. Empathie ist eine seiner großen Stärken. Er bekommt schnell Stimmungen mit – kann gut mit Menschen auskommen – meidet eher aggressive Mitschüler.

Leon ist sehr mutig: Er geht allein zur Tanzstunde, und im Frühjahr fährt er zu einem Sprachurlaub nach Malta, obwohl ihm die räumliche Orientierung Schwierigkeiten bereitet. Ich habe den Eindruck, dass durch die Sehbeeinträchtigung andere Sinne enorm geschärft sind. Leon stand trotz Sehbeeinträchtigung viele Jahre sicher im Fußballtor und hat bis letztes Jahr mit viel Rhythmusgefühl Schlagzeug gespielt. Er zeichnet gerne, dreht kleine Filme mit dem Handy – zurzeit möchte er Architekt oder Flugbegleiter werden.

Die Arbeit mit den Bildern erinnere ich als sehr wertvoll – als Zeit für mich und das Verarbeiten der traumatischen Geburtssituation. Vorher hatte ich mir keine Zeit dafür genommen, da Leon im Fokus stand. Anschließend konnte ich mich emotional leichter einlassen und bin achtsamer im Umgang mit den Kindern geworden. Prägend war für mich dabei das Bild, das die Distanz zwischen mir und meinen Kindern veranschaulicht (ich bin am Organisieren; die Kinder sind allein).

Die Zeit am «hof» war für uns beide eine sehr positive Zeit, in der wir uns gut aufgehoben fühlten. Leon konnte einfach nur «sein» und hat Vertrauen und Körperbewusstsein gewonnen. Ich als Mutter erhielt Impulse, im Umgang mit Leon gelassener und achtsamer zu sein und in die Begegnungen mit ihm bewusst Qualität zu bringen.

Ich habe großes Vertrauen in Leon, dass er seinen Weg geht – die Zeit am «hof» hat hier gutgetan und wichtige Impulse gesetzt.

Danke hierfür!

Clara

Ausgangslage

Clara wird im Alter von dreieinhalb Jahren in der Frühförderstelle «Haus des Kindes» vorgestellt. Sie ist ein quirliges, aufgewecktes Kind. Sie kam per Kaiserschnitt zur Welt. Bereits mit zehneinhalb Monaten fängt sie an zu laufen, wobei sie das Krabbeln überspringt. Auch das Sprechen beginnt sie bereits mit einem Jahr. Die Mutter hat das Kind neun Monate gestillt, obwohl sie mit Bluthochdruckmedikamenten belastet ist. Die Eltern erleben in der Familie große Sorgen durch Stress, Tod und Geld. Mit neun Monaten erkrankt Clara an Röteln, und bereits ab dem sechsten Lebensmonat sind Lebensmittelallergien bekannt. Sie reagiert über die Muttermilch und kann nicht weiter gestillt werden. Danach lehnt Clara Milchprodukte stets ab, und mit etwa einem Jahr bekommt sie kreisrunden Haarausfall, der zum Zeitpunkt der Vorstellung noch akut ist. Die Mutter belastet das sehr, da sie früher selbst gehänselt wurde.

Zu Beginn der Frühförderung besteht das Problem, dass Clara «Terror» macht, wenn sie ihren Willen nicht bekommt. Auch zu Hause bestimmt sie mit ihren Eigenwilligkeiten das gesamte Familienleben und lässt keinen Raum für gemeinsame Kommunikation entstehen.

Clara kann Regeln und Eingrenzungen nicht ertragen. Es kommt immer wieder zu heftigen Diskussionen mit ihr, die zu Wutausbrüchen führen und bei denen sich die Emotionen auf beiden Seiten hochschaukeln.

Den psychischen Verhaltensauffälligkeiten, Auffälligkeiten im Sozialverhalten und Aggressionen gehen Ängste voraus. Clara ist nicht sehr kontaktfreudig. Sie agiert eher als stille Beobachterin in der Gruppe.

Verlauf

Die Mutter leidet immer wieder unter Ängsten, die hinderlich im Kontakt mit Clara und für die Mutter sehr belastend sind. Den Schwerpunkt der Elternberatung stellen vor allem die Ängste und Unsicherheiten der Mutter dar.

Ziel der Frühförderung ist es, Clara Angebote zur Nachreifung der basalen Sinne zu geben. Da sie taktil hypersensibel ist (Überempfindlichkeit des Tastsinns), werden ihr hierfür therapeutische Angebote gemacht. So kann sie durch einen stabileren Kontakt mit sich selbst lernen, im Sozialverhalten freudvoller und entspannter zu werden. Kleine Verletzungen führen z. B. oft zu extrem langen Weinanfällen.

Clara hat die sensomotorische Entwicklung in den ersten zwei Jahren schnell durchlaufen. Sie konnte daher ihre Entwicklungsschritte nicht immer mit Ausdauer und Qualität durchleben. Ein Ziel ist, die von Clara ausgelassene Krabbelphase nachzuholen und eigene Körper- und Bewegungserfahrungen zu machen. Es werden Kletterparcours für die Bewegungsplanung und -übergänge geübt, in denen die Körperwahrnehmung ihren Schwerpunkt hat.

Das allgemeine Ziel der Frühförderung ist es, Ängste abzubauen, Vertrauen und Sicherheit aus dem eigenen Tun zu erlangen und Sinnesfreuden anzuregen. Clara kommt sehr gerne in die Frühförderung und arbeitet zuverlässig und mit großem Interesse mit. Sie lernt, auf Neues mutig zuzugehen und nicht schnelle Ergebnisse zu erzielen, sondern zu genießen und Freude am eigenen Tun zu entwickeln. Sie arbeitet in der Frühförderung künstlerisch mit Wasserfarben und Holz und plastiziert mit Ton und Wachs. So kann sie ihren Fantasien freien Lauf lassen und ihren kreativen Bedürfnissen Ausdruck verleihen. Durch das Erforschen unbekannter Gebiete in der Natur entwickelt sie den Mut, auf Neues zuzugehen und spontane Einfälle umzusetzen. Clara klettert im steinigen Bachbett des Urselbaches, säubert ihn mit Werkzeug, beobachtet Pflanzen und Insekten und füttert Tiere. Zudem werden die Anerkennung und Einhaltung von Regeln spielerisch umgesetzt.

Abschluss

Clara wird durch die Frühförderstelle auch im ersten halben Jahr nach der Einschulung begleitet, um ihr die notwendige Sicherheit zu geben, da unbekannte Situationen für sie immer noch eine große Herausforderung darstellen und sie schnell überfordern. Bereits vier Wochen nach der Einschulung sind Mutter und Tochter am Ende ihrer Kräfte. Trotzdem wird die Familie mit einem guten Gefühl verabschiedet, da Lösungsansätze für zukünftige Situationen erarbeitet wurden. So konnte die Begleitung der Übergangsphase der Einschulung durch die Frühförderstelle als vertraute Anlaufstelle sinnvoll genutzt werden.

«Eigentlich Freude, aber auch Unsicherheit und Angst, ob alles gut geht. War ich gut genug vorbereitet?»

Im Zentrum des Bildes ist der rote aufgelichtete Kern, umgeben von einer leuchtenden gelben Hülle. Um diese legen sich blaue und violette Farben – im Kreis angeordnet, die nach außen immer dunkler werden.
Das Bild entspricht der Situation. Im Innern die Freude auf das Kind und auch die lichte Hülle, die eine große Ressource von Frau C. ist. Die sich im Alltag meist zeigende Realität vieler düsterer Erfahrungen, Erlebnisse legt sich drum herum.
Diese Situation anzusehen und zugleich dem Kind gegenüber zuversichtlich zu sein, scheint uns eine wichtige Aufgabe zu sein.

«Erste Phase: Es ging mir schlecht, ich hatte Angst, dass das Baby sich nicht recht entwickeln kann; Angst, dafür nicht geeignet zu sein, ein Kind zu bekommen.
Zweite Phase: Die Übelkeit hört auf, ich nehme zu. Endlich das Gefühl, ‹richtig› zu sein. Stolz auf meinen Bauch. Glücklich – jemand ist bei mir, der sich für mich entschieden hat.»

Den größten Bildteil nimmt ein heller, gelber Kreis ein, umschlossen von einer roten Schicht, die an der oberen Seite an einer Stelle einen Spalt geöffnet ist und sich nach rechts verbindet mit der Schlangenlinie grün-oranger Farbe.
Ganz zart bildet sich im Zentrum des Kreises ein rosa Keim – fast noch nicht sichtbar.

«Anfangs eher sorglos, ein Abenteuer, das bald auf mich zukommt, aber auch das Gefühl, allein damit zu sein, weil mein Mann sich nicht so verhielt (Geburtsvorbereitung) wie vereinbart. Angst vor den Schmerzen – diffus.»

In der oberen Bildhälfte ein gelber Kreis, von einem roten Kreis umschlossen. Fast leblos, starr umgeben von weißer Farbe und von oben und von der Seite drängend: rot.
In der unteren Bildhälfte: eine liegende, grünlich gehaltene Lemniskate, umgeben von Blau. Das Blau wird wässrig, verfließend. Es ist eine große Sehnsucht von Frau C., dass sie mit ihrem Mann als Eltern eine solide Basis für ihre Tochter Clara bilden.

«Entsetzen. Damit hatte ich nie gerechnet. Plötzlich wurde über mich bestimmt. Kaiserschnitt: Gefahr! Das Verhalten meiner Umgebung schob meine Ängste einfach weg – als sei ich unmündig. Panik, ob alles gut geht, ob ich Clara je sehen werde.»

Frau C. steht im Zentrum eines zackigen, von roten Rändern umgebenen sternartigen Gebildes. Fünf gelbe Pfeile dringen auf sie und das Kind im Mutterleib ein. Frau C. verschafft sich mit Händen und Füßen Platz, schützt das Kind im Mutterleib.
Die Dunkelheit in der Umgebung ist bis zum Schwarz verdichtet.

«Gefahr! Menschen tun etwas mit mir, was ich nicht einordnen kann. Angst! Keiner hört meine Stimme. Irgendwie abgeschnitten vom ‹normalen› Geschehen um mich herum.»

Ein helles zartes Gesicht mit übergroßen blauen Augen ist im Zentrum des Bildes zu sehen. Die Umgebung besteht aus vielen nach innen ragenden roten Zacken. Wir erkennen gemeinsam die spätere Lebenssituation von Clara wieder. Bedrohung von außen bringt eine große Anspannung und überdimensionierte Aufmerksamkeit im Nervenpol mit sich.

«Staunen, wie winzig … Alles dran … einfach perfekt, gar nicht ‹verknittert›. Ein ganz müdes Menschlein, und Freude, dass ich stillen darf (trotz Medikamente) und dass es klappt. Ich in meinem Körper schmerzhaft und kaputt – aber wenn ich Clara ansah … Clara war einfach toll.»

Im Moment nach der Geburt ist der Himmel für kurze Zeit offen. Alle dunklen Farben sind aus dem Bild gewichen. Der große, rote Arm schützt das Kind, es kann sich darauf ausruhen. Frau C. sieht Clara, wie sie sich auch später zeigt, licht und offen im Kopfpol. – Unser Anliegen, den Nervenpol von Clara zur Ruhe kommen zu lassen und damit der Gestalt Ruhe und Hülle zu geben, begleitet die weitere Arbeit. Über das Spüren der eigenen Gliedmaße gilt es, den oberen Nervenpol mit dem unteren Stoffwechsel-Gliedmaßen-Menschen gut zu verbinden.

Viola

Ausgangslage

Viola wird im Alter von ca. 15 Monaten in der Frühförderung von ihren Adoptiveltern vorgestellt. Sie wurde als viertes Kind sehr junger Eltern geboren. Die Mutter hat die Schwangerschaft erst im siebten Monat bemerkt. Das zweite Kind der Familie war mit fünf Monaten verstorben, daraufhin hat sich die Mutter nicht mehr um die Kinder kümmern können. Bereits bei Bekanntwerden der Schwangerschaft ist eine Adoption ins Auge gefasst worden. Viola kommt per Wunschkaiserschnitt zur Welt und muss noch einige Tage im Brutkasten versorgt werden. Die Adoptiveltern können Viola in der dritten Lebenswoche mit nach Hause nehmen. Sie erkrankt häufig an Infekten der oberen Atemwege, Mittelohrentzündungen und Bronchitiden. Sie ist sehr unruhig und findet nachts keinen Schlaf. Es kommt vor, dass die Eltern nachts mit dem Kind Auto fahren, damit sie schläft. Selbst im Bett der Eltern findet Viola keine Ruhe und Entspannung. Wegen der belasteten Herkunftsgeschichte, der frühkindlichen Bindungsstörung und der Neigung zu einer hyperkinetischen Störung wird die pädagogische Frühförderung für erforderlich erachtet.

Verlauf

Die Adoptiveltern kommen von heute auf morgen zu ihrem Kind. Gestern standen sie noch voll im Berufsleben, heute sind sie Eltern eines kleinen Säuglings. Vor allem die Mutter ist mit einer starken Unsicherheit belastet, dass sie es nicht gut genug macht. Das wirkt sich hinderlich auf die Entwicklung des Urvertrauens und die Sicherheit des Kindes aus. Viola ist stark auf Erwachsene fixiert, braucht Heranführung an Grenzen und mehr Klarheit in der Ansprache. Ziel der Frühförderung und der Elterngespräche ist, das Familiensystem zu stabilisieren und den Start der Familie zu unterstützen. Besonderes Augenmerk liegt auf den Bereichen der psychosozialen Entwicklung, der Wahrnehmung und der basalen Stimulation. Da die Adoption recht schnell für die Eltern kam, wird Elternarbeit als notwendig erachtet, was von ihnen auch gerne angenommen wird. Schwerpunkt der Elterngespräche liegt auf dem Rhythmus der Alltagsgestaltung und dem Tagesablauf. Die Ansprache an Viola soll weniger fragend und erklärend als vielmehr einfühlend klar erfolgen.

Viola besucht regelmäßig die Frühförderung, und ihre Eltern kommen gemeinsam zu den Gesprächen, da sie für beide Eltern eine große Herausforderung ist. Nach dem ersten Jahr tauchen immer wieder Fragen zum Rhythmus im Alltag, zur Ansprache des Kindes und zur Integration in die Familie auf. Viola macht Fortschritte. Im Vergleich zu früher ruht sie mehr in ihrer Mitte und agiert weniger chaotisch und wahllos. Sie hat gelernt, sich in Spielsequenzen besser zu strukturieren. Sie probiert sich im grobmotorischen Spiel intensiver aus und sucht dabei Tiefensensibilitätsreize (intensive Tastsinnwahrnehmungen). Lange Zeiten im Umgang mit Tieren und das Reiten haben viel zur Verbesserung beitragen. Die Spielentwicklung, Spielbereitschaft, Konzentration und Ausdauer sowie der Krafteinsatz der Feinmotorik sind weitere Ziele der Fördermaßnahme. Viola kann sich im Verlauf der Fördermaßnahme in angeleiteten Spielsequenzen besser konzentrieren.

Abschluss

Über die insgesamt fünf Jahre dauernde Frühförderung haben sich Violas Konzentration und Ausdauer verbessert. Sie wird vor allem in ihrer Suche nach Grenzen gefördert. Die Eltern haben das Angebot der Elternberatung regelmäßig in Anspruch genommen. Der Vater hat vor allem daran gearbeitet, seine Vorstellungen loszulassen und Viola so anzunehmen, wie sie ist. Es ist für die Eltern immer wieder hilfreich, ihren Alltag durchzusprechen, sodass Rhythmus und Struktur natürliche Grenzen in das Familienleben bringen.

Frau V. hat eine Phase lang – während ihre Tochter zur Frühförderung kam – gemalt. Wir kommen in den Gesprächen an den Punkt, dass die Klarheit und Struktur, die Viola «rund um die Uhr» fordert, damit der Alltag nicht aus dem Ruder läuft, oft divergiert mit dem liebevoll-sanguinischen Charakter der Mutter. Die Bilder haben in den Gesprächen geholfen, «bildhaft» zu sehen, über welche Ressourcen die Mutter verfügt und wie sie die Herausforderungen durch Viola als Chance betrachten kann.

Im Folgenden zeigen wir eine Auswahl an Bildern von Frau V.

«Links meine Mutter, die voranschreitet, aber stets aktiv, den Kindern nicht direkt zugewandt (in Bezug auch auf körperliche Zuneigung). Danach als Schatten das verstorbene Kind, über das man nie sprach, dessen Tod nicht verarbeitet wurde. Danach meine ältere Schwester, die sich viel um mich kümmerte. Eingebettet und sicher in der Familie.»

Drei sichtbare und eine fast unsichtbare Gestalt sind hintereinander aufgestellt und scheinen wie nach links aus dem Bild heraus zu spazieren. Beziehung zueinander ist hier nur im «Nacheinander-Folgen» gezeigt. Frau V. zeigt mit diesem Bild, wie der Kontakt zu ihrer eigenen Mutter stattgefunden und sie geprägt hat. Dies ist das genaue Gegenteil, was jetzt Viola von ihr fordert.

«Als Paar auseinandergerückt, dazwischen Viola als hilfloses Baby, das behütet wird. Die Eltern gehen in ihrer neuen Rolle auf und genießen/baden darin. Alle Personen ‹erstrahlen› und sind wie berauscht/wie im Traum.»

Beide Eltern bilden eine Schale, in der das Kind ruht. Sie sehen sich an. Ihre Gliedmaßen und ihre Körperhaltung sind geschwungen-bewegt. Alle Formen sind rund und weich. Ein Lichtglanz erstrahlt.

«Extreme Emotionen (Lachen/Weinen), sehr offen für alles und jeden, sehr unruhig und beweglich, großes Herz nach außen getragen, gerade auch für Minderheiten und Außenseiter, sehr kontaktfreudig.»

In der Mitte des Bildes malt Frau V. die Tochter, umgeben von Sonne, Wolken und vielen kleinen Gestalten. Ihre Arme und Beine sind zu vervielfältigten Tentakeln in die ganze Umgebung ausgebreitet.

«Viola ist mit der Erde verbunden, steht sicher und fest, ruhend und trotzdem beweglich. Viola = ruhend als Baum = große Krone, fest verwurzelt mit der Erde, aber die Wurzeln (ihre Veranlagung) sehr beweglich und in alle Richtungen. Der Rumpf als Herz in der Mitte.»

Das Bild zeigt Viola, wie sie sich in ihrem Verhalten darstellt. Ohne Grenze, ganz in der Umgebung lebend, ausgeweitet mit viel Fröhlichkeit, einem großen Herzen und durchaus auch schattenhaften Gestalten um sich. Wie können wir Viola so sehen, dass sie sich gut verwurzelt fühlt und Vertrauen zu sich hat? Frau V. wählt die Lösung, dass die Füße zu Wurzeln werden und der Kopf wie zur Krone eines Baumes. Wie kann sie sich so bewegen? Wir suchen weiter nach einer Lösung, wie Viola beweglich bleiben kann und dennoch sich fest auf der Erde stehend fühlt – mit innerlichem Urvertrauen zur Umgebung.

«Wach im Haupt. In der Mitte ruhend, in den Gliedern beweglich: in sich ruhende, sitzende Viola. Hände gefaltet, aber beweglich. Offener Schoß, Herz mittig.»

Ein weiterer Versuch, zwischen Wachheit im ruhenden Haupt, in bewegter Mitte und Klarheit in den Gliedmaßen zu differenzieren. Wir erkennen in den Bildern die Notwendigkeit, dass Viola sichere Vorbilder braucht, um sich zu orientieren.

120

Rahel

Ausgangslage

Rahel wird mit achtzehn Monaten in der Frühförderstelle vorgestellt. Sie hat vier ältere Geschwister, einen zwanzig Monate älteren Bruder, zwei Halbgeschwister aus erster Ehe der Mutter sowie einen Halbbruder aus erster Ehe des Vaters, der jedoch bei seiner Mutter lebt. Rahels Eltern sind beide berufstätig, sodass die Kinder an vier Tagen in der Woche halbtags von einer Tagesmutter betreut werden, die Rahel von Geburt an kennt.

Schwangerschaft und Geburt verlaufen unauffällig. Am zweiten Lebenstag bekommt Rahel 40° C Fieber, das bis zum dritten Lebenstag zurückgeht, jedoch treten als Folge Turgorsymptome auf (die Unfähigkeit, genügend Flüssigkeit aufzunehmen), und ein dreitägiger Krankenhausaufenthalt mit Infusionen bringt den Flüssigkeitshaushalt wieder ins Gleichgewicht. Rahel ist ein friedliches Baby, schläft immer sehr viel und lange und wird ein Jahr lang gestillt.

Auffällig ist am linken Ohr ein Ohranhängsel, das im Ansatz auch am rechten zu erkennen ist. Hände und Füße sind kalt, die Haut durchscheinend marmoriert.

Rahel hat eine sensomotorische Entwicklungsverzögerung. Sie beginnt erst mit sechzehn Monaten zu sitzen und mit zwanzig Monaten zu stehen. Sie spricht einzelne Worte wie «da», «mä», «wuff».

Der Muskeltonus ist hypoton, besonders zu erkennen an den «schlaksig», scheinbar unbeteiligt am Körper hängenden Armen. Die Bewegungen wirken zufällig.

Rahel hat Probleme in der Bewegungskoordination und bei Bewegungsübergängen. Beim Ballrollen z.B. hält sie den Ball fest und ist nicht in der Lage, ihn zurückzurollen.

Rahel hat eine leichte taktile Abwehr. Sie kann Körperberührungen bei Kosespielen nicht ertragen, reagiert abweisend und verweigert jede Kooperation. In einem mit Kirschkernen gefüllten Weidekorb verkrampft sie sich vollständig, hebt die Füße hoch und greift nur mit zwei Fingern nach den Kernen.

Ihre Aufmerksamkeitsspanne bei konkreten Spielangeboten ist kurz. Aus Unsicherheit vor Überforderung lässt sie sich bei visuellen und auditiven Reizen ablenken, wendet sich ab oder reagiert aggressiv. Rahel kann ihre Aufmerksamkeit nicht zielgerichtet auf ein Angebot lenken, sondern schwirrt durch den Raum von einem zum anderen.

Die basalen Sinne sollen angeregt werden, um die durch den Hypotonus entstandene mangelnde Tiefensensibilität zu fördern und ihre Tastsinnüberempfindlichkeit zu «korrigieren». Weitere Ziele der Frühförderung sind die Stärkung ihres Selbstbewusstseins und ihrer Selbstwahrnehmung sowie die Entwicklung von Freude im Kontakt und in der Kommunikation mit ihrer Umgebung.

Verlauf

Rahel kommt gerne und regelmäßig zur Frühförderung. Nach der ersten Einheit kennt sie den Ablauf und besteht auf der einmal festgelegten Abfolge, z. B. ein Lied und ein Fingerspiel zu Beginn, ein Kletterparcours und das Baden in Kirschkernen und ein Fußbad zum Abschluss. Auf Veränderungen reagiert sie unsicher. Sie wird unruhig, zappelig und zuweilen auch hartnäckig wütend. Durch die Hilfe von Wärmflaschen und die Anregung des Tastsinns in der Kirschkernwanne kann sie sich entspannen und Ruhe und Ausdauer entwickeln. Ihr Muskeltonus stabilisiert sich, und ihr Blick wird zugleich zielgerichteter und klarer.

Auf jede von außen kommende Störung reagiert Rahel mit Kaspereien, Weglaufen oder Schreien. Ist sie ins Spiel eingetaucht, kann sie es nicht ertragen, wenn die Einheit zu Ende ist und die Mutter oder die Therapeutin sie anziehen wollen. Sie schmeißt sich schreiend auf den Boden und lässt sich durch nichts beruhigen. Ziel ist es, Kontinuität in die Abläufe zu bekommen sowie auch langsam aufbauend Variationen anzubieten.

Rahel hat bereits im ersten Jahr der Frühförderung gelernt, durch Gesten, Blicke und Laute in einen intensiven Kontakt zu ihrer Umwelt zu kommen. Sie ist immer mehr bereit und in der Lage, sich auf Neues einzulassen. Im zweiten Jahr der Frühförderung wird an der verzögerten Sprachentwicklung durch vielfältige Spielinteraktionen gearbeitet. Eine Zeit lang nutzen wir die Frühförderstunden, um den Umgang mit Tieren kennenzulernen. Rahel hat es sehr genossen, oben auf dem Pferd zu sitzen und zu reiten. Hier kommt sie einerseits zur Ruhe, andererseits reguliert sich wie von selbst ihr Tonus, und sie wird konzentrierter. Auf dem Pferd erlebt sie sich groß und fühlt sich gesehen.

Abschluss

Rahels Mutter greift das Angebot der begleitenden Elternarbeit von sich aus auf. Während der Einheiten mit Rahel malt sie zu bestimmten Themen Bilder und schreibt anschließend kurze aphoristische Texte. Die Themen sind in den gemeinsamen Elterngesprächen entstanden als Fragen und offene, untersuchenswerte Punkte. Im Austausch über die Bilder entstehen viele neue Aspekte für das Verständnis von Rahel und ihre Rolle in der Familie. Die großen Fortschritte, die sie im Laufe der Frühförderung macht, wären ohne die Selbstreflexion der Mutter durch die Bilder sicherlich nicht in gleicher Weise möglich gewesen. In einigen Bildern wird der Mutter und mir deutlich, wie sehr Rahel um ihren Platz in der Familie kämpfen muss.

Im Folgenden zeigen wir eine Auswahl von Bildern von Frau R. (Rahels Mutter).

«Die Herausforderung ist ein Berg, immer wieder, ist kräftig und gibt Kraft. Es ist hell, anregend, pulsierend.»

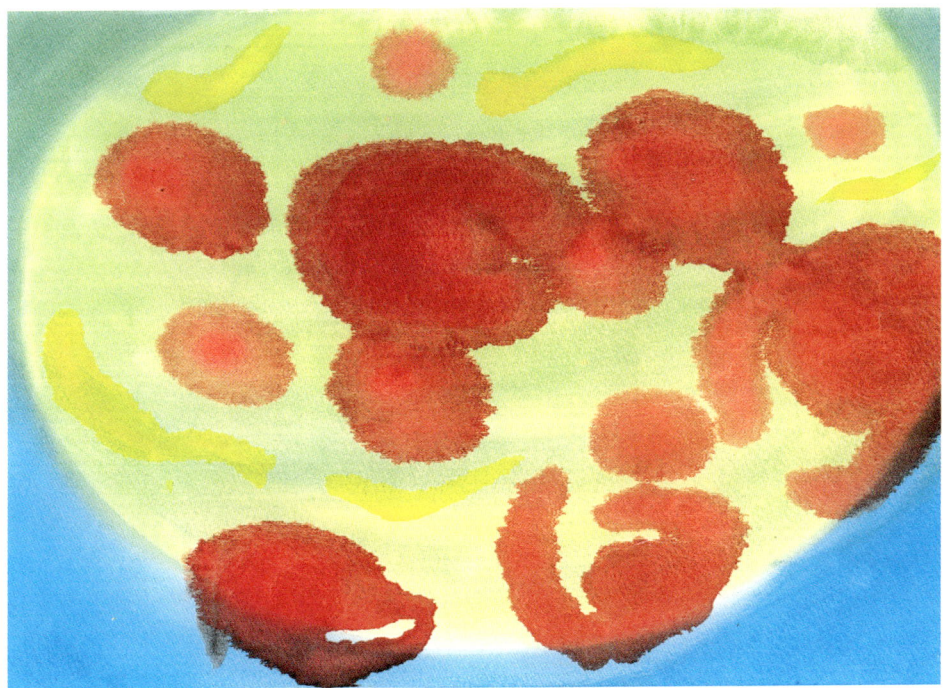

«Zu Hause erwartet mich ein ‹Zeckenüberfall› – auch hier lebt Kraft, aber völlig unsortiert. Ich versuche abzuschirmen, zu strukturieren und zu verbinden.»

Als Frau R. und ich die ersten Bilder miteinander vergleichen, fällt ihr auf, dass sie größere Kraft und Identität in ihrem Beruf zu erleben scheint. Zu Hause fühlt sie sich oft überfordert und ausgelaugt. Es wird uns klar, dass durch die Bemühungen des Abschirmens und Strukturierens in der häuslichen Umgebung wenig Platz für Freude, Wohlgefühl und Lockerheit ist.

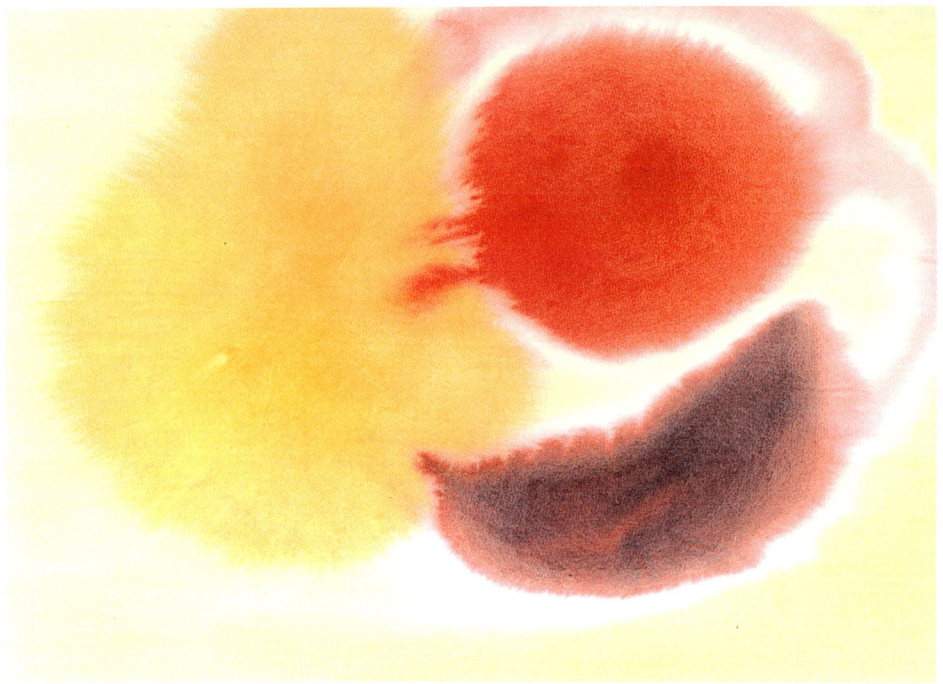

«Eines hell und stark.
Eines rund und rosig.
Eines raumgreifend.
Eines zart und verbindend.»

Bei diesem Bild fällt uns auf, dass drei Kinder eindeutig und sofort zu erkennen sind. Das vierte, Rahel, als zart und verbindend dargestellt, hat keinen eigenen Raum.

Thema: Wie wünschte ich mir einen Zusammenklang der verschiedenen Lebensauf-
gaben?

«Ich wäre gerne ein Goldfisch. Das Wasser ist licht und durchlässig. Ich trage Mut und Gold in mir und verbinde fließend, geschmeidig, beweglich und mit Freude mein Leben.»

An diesem Bild wird der Mutter die große Kluft zwischen Wirklichkeit und Wunschbild überdeutlich.

«Das Leben dort ist voller Natur – grünend und blühend. Das feste Haus nimmt uns alle gerne auf, es ist Oase der Erholung und Freude und des Schutzes. Für die Kinder gibt es die Fülle der Möglichkeiten.»

Wiederum wird ein Widerspruch zwischen Wunsch und Wirklichkeit offenbar. Wir sprechen darüber, dass es wichtig sein könnte, der unterschwelligen Trauer Raum zu geben und sie nicht immer wegzuschieben und zu beschwichtigen.

«Freude und Gleichgewicht – so ist das Leben zu meistern. Ich stehe fest auf grünem Grund, und oben tanzen die Bälle der Lebensfülle. Ich werfe sie hoch ins Licht und fange sie wieder auf.»

Thema: Wie erlebe ich Rahel in unserer Familie?

«Rechts unsere Familie im roten vitalen Kreis: Die Eltern, links mit tausend Armen und Beinen, die schaffen und machen und tun; die beiden großen Kinder unten rechts schaffen mit und auch schon ihr Eigenes; die beiden oben rechts – Rahel ein irritiertes Bällchen und Jesse, der sie in die Zange nimmt. Das Lichtkind im blauen Feld ist Rahel. ‹Meine Gesichtchen bedecke ich mit weißem Tuch – wer bin ich – sucht nach mir – ich zeige mich noch nicht.»» (Dieser Satz bezieht sich auf einen Traum der Mutter in der Schwangerschaft, der hier nicht ausgeführt werden kann).

Das Bild stellt die Familie dar. Es hat uns beim Betrachten überrascht, dass alle Familienmitglieder Kopffüßler sind. Was zeigt sich, wenn der Rumpf mit all den rhythmischen Organtätigkeiten nicht getrennt erlebt wird vom ruhigen Pol des Kopfes, wie bei der Darstellung der Elterngestalten? Die älteren Kinder haben Arme und Beine am Kopf. Das kugelrunde Wesen mit den Armen ist Rahel, die von ihrem Bruder aufgefressen wird. Sie ist ohne Beine dargestellt, kann den Boden nicht spüren, was uns im Zusammenhang mit der Frage der Schwerkraft und des Gleichgewichts wichtig erscheint.

«Sie ist die Zirkusprinzessin – schön und leicht. Sie hat mit Unterstützung ihre Balance gefunden. Auch die Stärksten neigen den Kopf vor ihr. Sie steht im Licht – über ihr wölbt sich der Himmel.»

An diesem Bild fällt uns auf, dass Rahel zwar Füße hat, aber nicht auf dem Boden, sondern auf einem Podest steht. Es wiederholt sich ein Bild der Mutter aus der Traumwelt des Zirkus, der Welt der Leichte, des Zaubers und der Illusionen, die mit der Wirklichkeit des Alltags wenig zu tun hat.

«Beide haben eine schwere Tasche zu schleppen, die nach unten ziehen will. Aber sie halten sich. Der Grund, auf dem sie stehen, ist spitzig und manchmal heiß. In ihrem Inneren brennt eine warme Flamme füreinander und für ihre Aufgaben.»

Dieses Bild ist der Mutter sehr wichtig. Sie ist erstaunt, wie sehr ummantelt sie das Innere dargestellt hat und welch spitze Steindecke das im Untergrund brodelnde Feuer verdeckt.

«Elternhaus – Großelternhaus und ein drittes, das steht für viele liebe Menschen, die mich aufnahmen. Oben rechts die Ferienziele – ich reiste immer gerne. Ich bin selbstständig und weiß, dass ich einen Weg gehen muss – da hindurch, der mich zu meinem Eigentlichen führt. Ich weiß schon jetzt, dass ich dies irgendwann leicht hinter mir lassen werde.»

«Wir ziehen um in ein anderes Haus, das wir zusammen mit den Großeltern bewohnen. Zwei Brüder von mir werden geboren, der Weg verweilt – es ist heiter
bis wolkig. Irgendwo links ist die Schule – ein grauer Kasten, in dem ich lerne,
und auch andere Menschen – Freunde und Verwandte, denen ich mich verbunden
fühle. Aber der Weg geht weiter, ich will erwachsen werden.»

«Meine Füße wurzeln noch in dem, was war – Schule, Familie …, aber auf dem Weg bin ich auch schon mal ein Stück nach oben gehüpft und habe gesehen, wie es oben aussieht. Mit neunzehn schließe ich die Schule ab und bin frei. Ich breche die Zelte ab, nur wenig nehme ich hinüber in das eigene und echte Leben.»

In den drei letzten, biografischen Bildern beschäftigt sich Frau B. mit ihrer eigenen Kindheit. Sie unterscheidet in allen drei Bildern zwischen ihrer soziokulturellen Umgebung und ihrem «eigentlichen» Leben.

Sechzehn Jahre später blickt die Mutter
auf ihre Tochter und ihre Bilder

Erschrecken – über die Aktualität vieler Bilder.

Zunächst sehe ich kaum Entwicklung. Wie schwer ist es doch, Veränderungen zu integrieren. Probleme sind schnell benannt, ein klarer Blick rasch auf Missstände geworfen, aber im menschlichen System wirklich Rollen zu verwandeln und neue Wege zu gehen ist ungleich mühseliger.

Die Bilder sind für das Erinnern von Lebenslagen, auch wenn sie schon mehr als ein Jahrzehnt vergangen sind, sehr plastisch und hilfreich. Die Situation von «damals» ist gleich wieder präsent, das Gefühl ist wieder da. Im Gespräch mit mir kann ich den Weg von Rahel mit zwei oder drei Jahren bis heute mit achtzehn Jahren nachvollziehen. Anders als ein Foto aus dieser Zeit zeigen mir die Bilder unsere *inneren* Nöte und Fragen und Wünsche als Familie auf.

In jedem Fall sind die Bilder ein echter biografischer Schatz!

Die beiden älteren Geschwister sind «aus dem Haus». Sie flankieren, beruhigen und stützen von außen das noch im Haus bestehende Familienleben.

Ein weiterer Bruder wurde geboren – die beiden Jungs sind als autarke und kräftige Persönlichkeiten prägend. Dazwischen Rahel – unbegrenzt, oft haltlos, zart. Sie versucht, überall anzudocken. Innen schlägt ein hoffendes Herz.

Trotz ihrer Schwäche – oder gerade deswegen – ist sie der Mittelpunkt, um den sich alles schart – eine machtvolle Stellung.

Auch Eltern wollen
wahrgenommen werden

Ein Fallbeispiel aus Sicht der Mutter

Mein Mann und ich lernten den «hof» einige Jahre vor der Geburt unserer Tochter kennen, als wir auf der Suche nach alternativen pädagogischen Möglichkeiten waren. Als wir durch die Gassen Niederursels schlenderten und das breitgefächerte Angebot für Kinder sahen, dachte ich: «Hierher werde ich mit unserem Kind wiederkommen.»

Erziehung sucht Gemeinschaft mit Gleichgesinnten

Eine meiner frühen Kindheitserinnerungen besteht darin, dass ich mir beim Sprung über eine Mauer eine Wunde am Schienbein zugezogen hatte, die nicht heilen wollte. Meine Mutter ging nicht zum Arzt mit mir, sondern befragte meine Großmutter. Diese schaute sich meine Wunde an und gab Tipps für Umschläge. Ich machte die Erfahrung, dass meine Mutter bei gesundheitlichen Fragen auf den Erfahrungsschatz meiner Großmutter zurückgreifen konnte, und fühlte mich dabei eingebunden. – Als ich gut dreißig Jahre später meine Tochter im Arm hielt, stand mir dieses instinktive Kollektivwissen nicht direkt zur Verfügung. Zum einen wohnen meine Eltern zwei Autostunden entfernt, und über das Telefon können wir uns nur eingeschränkt über Krankheiten austauschen. Zum anderen ist das Wissen um die Anwendung von Naturheilmitteln weitgehend ersetzt worden durch Ärzte und Medikamente. Als ich meiner Mutter erzählte, dass wir bei unserer Tochter Wadenwickel machten, um das Fieber zu senken, lachte sie und meinte, das hätten sie früher auch gemacht. Ich nahm bei meiner Mutter ein gewisses Erstaunen darüber wahr, dass wir altbewährte Hausmittel anwandten, anstatt fiebersenkende Mittel zu verabreichen.

Mit der Geburt unserer Tochter Leonie hatte ich mich entschieden, drei Jahre zu Hause zu bleiben. Ich wollte ihre Entwicklung hautnah miterleben und die Verantwortung für ihre Erziehung übernehmen. Dies bedeutete zunächst eine gewisse Vereinsamung, da ich zehn Stunden am Tag mit unserer Tochter allein war. Meine Eltern wohnen nicht in derselben Stadt, und mein Mann ist voll berufstätig. Dazu trat eine Verunsicherung auf, denn ich bemerkte meine Unerfahrenheit in Bezug auf Haushaltsführung, Zeitplanung und Erziehung. So machte ich mich auf die Suche nach Gleichgesinnten. Ich schloss viele Bekanntschaften auf dem Spielplatz und in diversen Krabbelgruppen. In der Begegnung miteinander konnten wir Mütter viele Erfahrungen austauschen und uns unterstützen. Zudem war für mich der Ratgeber *Die Kindersprechstunde* von Wolfgang Goebel und Michaela Glöckler (Verlag Urachhaus, 20. Auflage 2015) hilfreich, durch den ich über Alternativen zur Schulmedizin erfuhr. In meinem Umfeld beobachtete ich, dass anderen Kindern bei Infekten ein Antibiotikum gegeben wurde und sie vermeintlich gesund mit dem Antibiotikum im Rucksack in den Kindergarten gebracht wurden. Im Spagat zwischen Berufsleben und Familie – so kommt es mir vor – fordert die Arbeit ganz selbstverständlich ihren Tribut. Dabei bedenken wir nicht die Spätfolgen, die auftreten können, wenn wir unserem Körper nicht die Zeit geben, Krankheiten auszukurieren.

In den ersten beiden Lebensjahren ging ich mit Leonie zu einer Kinderärztin, die bei leichtem Fieber und grippalen Infekten schnell fiebersenkende Mittel und Antibiotika verordnete. Wenn ich sie nach Alternativen fragte, wollte sie davon nichts wissen und setzte mich unter Druck, indem sie sagte: «Sie wollen doch nicht mit Ihrer Tochter auf der Intensivstation landen?» Natürlich wollte ich das nicht, doch mein Vertrauen zu dieser Ärztin schwand, und ich begann, sie anzulügen. In meiner Vorstellung schlummerten in unserer Tochter Selbstheilungskräfte, mit deren Hilfe – und ärztlicher Unterstützung – sie die Erreger bekämpfen und ein gutes Immunsystem aufbauen können würde.

Unsere Tochter erkrankte mit zwei Jahren an einer Lungenentzündung, und ich hatte von der besagten Kinderärztin ein Antibiotikum erhalten. Ich war aber nicht bereit, Leonie dieses Antibiotikum zu geben, weil ich gelesen hatte, dass, wenn man Lungenentzündungen ohne Antibiotikum auskuriert, die Wahrscheinlichkeit, erneut daran zu erkranken, gering sei. Doch bei meiner Kinderärztin stieß ich damit auf taube Ohren. Ich war in einem großen Zwiespalt: Zum einen hatte ich Angst, unsere Tochter, die hohes Fieber hatte und sehr geschwächt war, in Lebensgefahr zu bringen. Zum anderen gab mir die Verfügbarkeit dieses Antibiotikums auch die nötige Sicherheit, mich nach Alternativen umzuschauen, denn ich hätte es ihr jederzeit verabreichen können. In meiner Not fiel mir die Ärztin im Pädagogisch-Therapeutischen Zentrum im «hof» Niederursel ein, und ich vereinbarte einen Termin mit ihr. Sie sagte, sie habe Erfahrung bei der Behandlung von Lungenentzündungen mit homöopathischen Mitteln und Ingwerwickeln und könne uns auf dem Weg der Heilung begleiten. Es war ein Sprung ins eiskalte Wasser. Mein Mann und ich vertrauten ihr, und ich spürte, wie eine enorme Last von mir abfiel und ich mich entspannen konnte. Meine positive Einstellung zu diesem Heilungsprozess war sehr wichtig für unsere Tochter. Wir kurierten die Lungenentzündung ohne die Gabe von Antibiotikum innerhalb von zwei Wochen aus. Als unerlässlich habe ich in diesem Prozess die Unterstützung meines Mannes empfunden, der meine Bedenken und Hoffnungen teilte. Ohne ihn hätte ich mich nicht darauf eingelassen, die Lungenentzündung mithilfe der Homöopathie und Ingwerwickeln zu kurieren.

Mit dieser Krankheit sind wir zu der Allgemeinärztin am «hof» gewechselt. Ich finde es gut, in den Heilungsvorgang eingebunden zu werden und die Verantwortung nicht nur an Ärzte abzugeben. Dies bedeutet oft einen höheren Aufwand, doch erlebe ich eine große Behaglichkeit in der sorgsamen Begegnung mit unserer Tochter. So verbrachten wir die halbstündigen Ingwerwickel während der Lungenentzündung gemeinsam im Bett als eine «heilige Zeit». Und die abendlichen Fußbäder bei Erkältungen finden in einer sehr gemütlichen Atmosphäre statt. Ich erlebe den «hof» als eine kleine Insel, in der ich mich mit Gleichgesinnten über die Anwendung von sanfter Medizin als Alternative zur Chemie austausche. Es findet eine Gemeinschaftsbildung statt, in der ein breites Erfahrungswissen weitergegeben wird.

Kurze Zeit später nahmen wir Kontakt mit der Frühförderstelle auf. Am Anfang standen drei Gespräche mit der Leitung der Frühförderstelle, in denen wir erzählten, dass es eine große Symbiose zwischen mir (der Mutter) und unserer Tochter Leonie gab und sie im Alter von zwei Jahren große Ängste zeigte, wenn sie mit anderen Kindern Kontakt hatte. In diesen Gesprächen verschafften wir uns einen Überblick über die Situation unserer Familie und Leonies Auffälligkeiten und beantragten eine Frühförderung beim Sozialamt, die auch genehmigt wurde. Da wir nicht in Frankfurt wohnen, wurden wir aufgefordert, eine Frühförderstelle in unserem Kreis zu besuchen. Zum Glück gibt es die Wahlmöglichkeit der Eltern, und so konnten wir die Maßnahme am «hof» durchführen.

Die Frühförderung bestand aus wöchentlichen Terminen, bei denen unsere Tochter mit verschiedenen Therapeutinnen Aktivitäten ausführte. Ich stand jederzeit im engen Austausch mit den Therapeutinnen und fühlte mich als Mutter gut aufgehoben und eingebunden. Parallel fanden monatlich Elterngespräche mit meinem Mann und mir und der Leiterin der Frühförderstelle statt. In diesen Gesprächen, die ich als seelisch-emotionalen Schutzraum wahrnahm, betrachteten wir die Entwicklung unserer Tochter und konnten offen sowohl über Schwierigkeiten als auch positive Entwicklungen sprechen. Wir entwickelten Ideen für die kindgerechte Gestaltung unseres Familienlebens und führten zum Beispiel eine Mittagspause für uns und unsere Tochter sowie gemeinsame Spaziergänge im Taunus am Wochenende ein.

Als äußerst wertvoll empfand ich die interdisziplinäre Vernetzung zwischen den Therapeutinnen untereinander und zwischen ihnen und der Allgemeinärztin am «hof». So wurden schnell die geeigneten Maßnahmen ergriffen und umgesetzt. In diesem Prozess entwickelte ich ein Gespür dafür, wie wichtig unsere gemeinsame Sichtweise auf unsere Tochter – auch die der Eltern – für ihre Entwicklung ist.

In der Erziehung begegnen wir uns selbst und anderen Menschen

«Es ist nie zu spät, so zu sein, wie man es gerne gewesen wäre.»
George Eliot (britische Schriftstellerin)

Die Schwangerschaft und Geburt unserer Tochter nahm ich wie den Beginn eines neuen Lebens wahr. Neben den vielen wunderbaren, unvergesslichen Momenten taten sich viele Fragen bezüglich Ernährung, Erziehung und Wertvorstellungen auf. Im Austausch mit anderen Menschen erlebte ich, wie sich mein gesunder Menschenverstand vertiefte und ich meinen eigenen geistig-seelischen Standpunkt im Hinblick auf Kinder und Erwachsene bildete.

Ich spürte, dass die Schwierigkeiten meiner Tochter zum Teil in mir wurzelten, und sah nun das Tor zur Freiheit in der Entscheidung, ob ich meine Tochter so erziehen wollte, wie ich erzogen worden war, oder ob ich meinen eigenen Weg finden wollte. Im Nachhinein erfuhr ich, dass die unverarbeiteten Anteile, die Eltern mit sich herumtragen, 80 bis 90 Prozent der Erziehung der eigenen Kinder ausmachen. Ich wollte den Mut aufbringen, genau hinzuschauen und dann Veränderungen bei mir herbeizuführen.

Ich stellte mir Fragen wie: Was hat meine eigene Kindheit geprägt?

Wie war der Erziehungsstil meiner Eltern? Welche Werte haben sie mir vermittelt? Meine Antworten legten tiefe seelische Verletzungen bei mir frei: Meine Eltern hatten mich und meine drei Geschwister sehr autoritär und streng religiös erzogen und uns das Bild eines strafenden Gottes mitgegeben. Freude und Lebendigkeit fehlten in unserem Familienleben, und die Pflege der eigenen Bedürfnisse und Sinne hatte keinen Raum. Stattdessen hatten wir strenge Regeln einzuhalten. So durften wir Mädchen keine Hosen tragen, nicht zum Friseur, nicht tanzen oder ins Kino gehen. Ich brauchte einige Jahre, um diese Schatten loszuwerden. Auch mithilfe der Einrichtung der «hof» erarbeitete ich mir eigene Werte und gewann ein neues Verständnis für Erziehung und Vertrauen in meine erzieherischen Fähigkeiten. Ich nahm viele Anregungen mit, wie ich unser Familienleben hell gestalten konnte. So lernte ich viele schöne Lieder, Sprüche und Geschichten kennen und achtete auf einen Rhythmus in unserem Alltag. Und ich lernte, nicht kindgemäße Einflüsse von außen von unserer Tochter fernzuhalten. Sie ist erst mit neun Jahren zum ersten Mal ins Kino gegangen, schaut äußerst selten fern und hört keine Nachrichten im Radio. Zudem geben wir ihr einen altersgerechten Rahmen vor und belasten sie nicht mit Entscheidungen, auf welchen Spielplatz wir heute gehen sollten oder welchen Pullover sie anziehen möchte.

Erziehung gedeiht
in einer geistig-sinnlichen Umgebung

Als ich meiner Freundin einmal die Räumlichkeiten der Frühförderstelle zeigte, sagte sie: «Wie gut es hier duftet!» Es lag ein frischer Duft nach Blumen und ätherischen Ölen in der Luft. Der große frische Blumenstrauß und die Spielgeräte aus Naturmaterialien im Eingangsbereich, die farbenfrohen, inspirierenden und Energie ausstrahlenden Bilder eines am «hof» tätigen Künstlers an den Wänden, die an Feng Shui erinnernde Einrichtung der Räume – all dies macht den «hof» zu einem Ort des Wohlfühlens, der Ruhe und somit der Entspannung für mich und lässt mich eine Weile die Alltagshektik vergessen. Die liebevolle Gestaltung der Räume und der sorgsame Umgang mit dem Leben zeigt, welch guter Geist sich hier eingelebt hat. Manchmal nahm ich mir einige Steinchen vom Innenhof in meiner Jackentasche mit, um die sinnlichen Eindrücke daheim zu erinnern.

Ich erlebte, wie die Jahreszeiten ein Haus in seinem Inneren umwandeln können durch wechselnde Blumen, Dekorationen und Düfte. Die Farben meines Elternhauses waren Braun, Grau und Dunkelgrün gewesen, und von den künstlichen Gestecken und Figuren auf Fensterbänken und Anrichten wurde lediglich jahrelang der Staub gewischt oder weggepustet. Die Tischdecke und teilweise das Geschirr bestanden praktischerweise aus Plastik. Frische Blumen gab es höchstens zum Geburts- oder Hochzeitstag meiner Eltern. Inspiriert durch die lebendige Gestaltung am «hof» ging ich wöchentlich zur nahe gelegenen Blumenstube und suchte mit Leonie einen kleinen Blumenstrauß für uns aus. Was mir zunächst wie verschwenderischer Luxus vorkam, entpuppte sich als echter Genuss und wahre Freude für unsere Sinne.

Leonies Geschichte – Not der Eltern und Szenen der Frühförderung aus Elternsicht

Der Kinderwunsch war bei mir und meinem Mann sehr ausgeprägt. Wir waren Anfang dreißig und dachten, eine Schwangerschaft ließe sich planen. Nachdem ich nicht innerhalb eines Jahres schwanger wurde, war ich sehr beunruhigt. Immer wieder stieg die Frage in mir auf, wie ein Leben ohne Kind für mich aussähe. Das konnte ich mir nur un-erfüllt vorstellen. Nach drei langen Jahren war ich endlich schwanger und schwebte im siebten Himmel. In der achten Woche setzte jedoch eine Blutung ein, was mich sehr schockierte. In den folgenden vier Wochen litt ich unter entsetzlichen Krämpfen und Schmerzen, doch auf dem Ultraschall konnte mein Arzt die Ursache nicht erkennen. Ich fühlte mich so elend und dachte mehrmals, wenn jede Schwanger-schaft so verliefe, wäre die Menschheit längst ausgestorben. Ich hatte große Angst davor, ins Krankenhaus zu gehen, weil ich einen mögli-chen Behandlungsfehler der Ärzte fürchtete. Mein jüngerer Bruder ist seit einem Geburtsfehler 100 Prozent geistig behindert, und ich hatte Angst, dass uns Ähnliches widerfahren könnte. Als ich in der zwölf-ten Schwangerschaftswoche zusammenbrach, wurde ich notoperiert. Dabei stellten die Ärzte fest, dass sich ein zweiter Embryo im Eilei-ter eingenistet hatte und sich bis zur zehnten Schwangerschaftswoche entwickelt hatte. Diese Zeit war für mich und unsere Tochter sehr dramatisch. Einerseits hatte ich durch innere Blutungen viel Blut ver-loren, und andererseits stand das Leben unserer Tochter während der Operation auf dem Spiel. Doch überstanden wir beide die Operation wohlbehalten, und ich erholte mich langsam. Ich war überaus dankbar, dass ich weiterhin schwanger war, und freute mich über diese neue Lebensqualität. Jedoch gab es auch die Trauer um das verlorene Kind, das in der Gebärmutter vielleicht hätte überleben können. Dieser Trau-er gab ich zunächst wenig Raum, sie sollte erst nach der Geburt unserer Tochter bearbeitet werden.

In der 31. Schwangerschaftswoche wurde ein vorzeitiger Blasen-sprung festgestellt. Ich hatte über drei Wochen bemerkt, dass ich Frucht-wasser verlor, doch hatte mein Arzt dies nicht nachweisen können. Als er endlich auf dem Ultraschall sah, dass ich kaum noch Fruchtwasser hatte, war dies wiederum ein Schock, denn ich hatte Angst, dass un-sere Tochter unterversorgt und behindert würde. Ich kam sofort ins Krankenhaus, und unsere Tochter Leonie wurde acht Wochen zu früh geboren. Wir gingen völlig unvorbereitet in die Geburt hinein. Am

Anfang fragte mich die Anästhesistin, ob ich an einem Versuch über die Wirkung der PDA während der Geburt teilnehmen wolle, und ich stimmte zu. Eigentlich fühlte ich mich überrumpelt, und mit etwas Distanz hätte ich diesem Versuch nicht zugestimmt. Aber ich war von der vorzeitigen Geburt geschockt und nahm mich und meine Bedürfnisse nicht wahr. Durch die Geburt wurden wir von den Ärzten und der Hebamme sehr souverän und einfühlsam geführt. In der letzten Phase waren bereits Kinderärzte mit einem Inkubator anwesend. Als Leonie geboren war, schrie sie sofort, und der Arzt legte sie mir für einen Moment auf die Brust. Dann nahmen die Kinderärzte sie mit und führten in einem separaten Raum anderthalb Stunden Untersuchungen an ihr durch. Beim Verlassen des Kreißsaales wünschte ich ihnen noch viel Spaß mit ihr und dachte im selben Moment, dass diese Formulierung völlig deplatziert sei. Als ich viel später über diese Stunden nachdachte, merkte ich, dass ich gar nicht richtig bei mir gewesen war und meine Bedürfnisse nicht wahrgenommen, geschweige denn sie artikuliert hatte. Ich war Mutter geworden, und die Ärzte nahmen mir meine Tochter weg, ohne mich gefragt zu haben. Es tat mir in der Seele weh, dass sie zu Beginn ihres Lebens nicht in meinen Armen ruhte, sondern die Strapazen und Schmerzen zahlreicher Untersuchungen über sich ergehen lassen musste.

Dann war sie weg, und ich fühlte mich wie eine Mutter ohne Kind. Mein Mann und ich verbrachten die nächsten Stunden zu zweit in einem heimeligen Zimmer in einer friedlichen und glücklichen Stimmung. Eine Schwester zeigte uns ein Foto von unserer Tochter, wie sie im Inkubator lag. Ich dachte: «Oh, sie sieht aber süß aus.» Wenig später brachte mir eine Schwester unsere Tochter, die dick in Decken eingehüllt war, und legte sie mir für einige Minuten in den Arm. Dann wurde sie wieder auf die Intensivstation gebracht. Abends brachte mich mein Mann wieder ins Krankenzimmer, das ich am Morgen noch mit unserer Tochter im Bauch verlassen hatte. Da ich unbedingt sehen wollte, wo unsere Tochter schlief, fuhr mich mein Mann im Rollstuhl auf die Intensivstation. In derselben Nacht fing ich an, Milch abzupumpen, doch hatte ich unter diesen Umständen nur sehr wenig Milcheinschuss. Unsere Tochter konnte ich erst zwei Wochen später an die Brust legen, als sie genug Kraft zum Saugen hatte.

In Leonies erster Lebenswoche lag sie wegen einer Gelbsucht ununterbrochen unbekleidet unter einer UV-Lampe. Sie sah so winzig aus. Ihr kleiner Finger war dünn wie ein Streichholz. Sie wog nur 1,5 kg und wurde zwei Monate später mit einem Gewicht von 2.800 g entlassen. Zudem hatte sie wiederholt Atemaussetzer. Aus diesen Gründen durfte ich sie nicht im Arm halten, da die Schwestern mir den Schock eines etwaigen Atemstillstands ersparen wollten. Im Nachhinein habe ich mir gedacht, dass es für unsere Bindung und Überwindung des Schocks dieser Frühgeburt besser gewesen wäre, unsere Tochter in den ersten Tagen zeitweise im Arm zu halten. Auch hätten die Ärzte die lebensnotwendigen Untersuchungen direkt nach der Geburt im Kreißsaal auf meinem Bauch durchführen können. Dieser Wunsch war sofort in mir vorhanden, doch konnte ich ihn noch nicht in Worte fassen.

Leonie verbrachte ihre ersten zwei Lebensmonate im Krankenhaus. In den ersten zwei Wochen lag sie unbekleidet im Inkubator und sah so schutzbedürftig und zerbrechlich mit ihren anderthalb Kilo aus. Die Schwestern legten farbige, zu Rollen gedrehte Tücher um sie, damit sie eine Berührung empfinden konnte. Das war sehr wichtig, denn eigentlich hätte sie noch vom Fruchtwasser umhüllt sein sollen. Leider bot die Klinik keine Übernachtungsmöglichkeiten für die Eltern an. Jedoch konnten wir jederzeit auf die Station gehen und wurden sofort von den Schwestern oder Ärzten begrüßt und über den Zustand unserer Tochter informiert. Ihre Krankenakte stand uns ebenfalls jederzeit zur Verfügung. Tagsüber war ich bei ihr und versorgte sie. Stundenlang saß ich im Liegestuhl und «känguruhte», das heißt sie ruhte umhüllt an meiner Brust. Abends ließen mein Mann und ich sie schweren Herzens im Krankenhaus zurück. Trost spendete uns der Gedanke an ihren Schutzengel, der über ihrem Bettchen wachte. In dieser Zeit hatten wir viele Ängste um ihr Überleben und ihre Gesundheit auszustehen. So musste ihre Lunge ausreifen und sich ihr Herzrhythmus stabilisieren. Wir waren sehr dankbar, dass ihre Entwicklung positiv verlief und sie endlich zu ihrem eigentlichen Geburtstermin gesund zu uns nach Hause kam.

Zu Hause ging es nun darum, die Verlustängste und Ängste um ihre Gesundheit in Vertrauen in unsere Wahrnehmung und ihre Lebenskräfte umzuwandeln. Bisher hatten wir Ärzte und Schwestern um uns gehabt, und jetzt waren wir allein für sie verantwortlich. Das erste halbe Jahr schliefen wir beim Licht einer Nachttischlampe und schauten mehrmals in der Nacht nach, ob sie noch atmete. Erst ganz allmählich setzte sich Entspannung und Freude bei uns durch.

Als sehr belastend empfand ich, dass wir wegen einer Halswirbelblockade dreimal täglich Vojta, eine krankengymnastische Behandlung, mit Leonie machen mussten. Wieder lag sie unbekleidet vor mir und schrie sich die Seele aus dem Leib, wenn ich sie an verschiedenen Körperteilen fest drückte, um durch Reflexe ihren Bewegungsapparat zu stimulieren. Gegen die Halswirbelblockade hat es überhaupt nicht geholfen. Ich hatte jedes Mal Angst vor dieser Gymnastik und das Gefühl, ihr wehzutun. Nach einigen Monaten gab ich entnervt und mit Schuldgefühlen, nicht alles für sie zu tun, auf. Zum Glück fand ich einen Osteopathen, der innerhalb von wenigen Minuten nachhaltige Abhilfe schaffte, wofür ich ihm überaus dankbar bin.

In den ersten Lebensjahren ruhte mein Blick mit Besorgnis und Ängstlichkeit auf unserer Tochter. Ich gönnte mir selbst so gut wie keine Erholung und Entspannung. Da Leonie in ihrer körperlichen Entwicklung zwei Monate zurücklag, wurde ich von dem Gedanken getrieben, sie möglichst viel zu fördern, und meldete sie zum Babyschwimmen an und besuchte eine Pekipgruppe mit ihr. Dort weinte sie die ganze Zeit, als sie nur mit einer Windel bekleidet auf einer Matte vor mir lag. Nach wochenlangen Zweifeln gewann ich die innere Einstellung, dass unsere Tochter auch ohne Schwimmen und Pekip am besten in einer Atmosphäre der Entspannung und Ruhe gedeihen würde. Tatsächlich hatte sie innerhalb eines Jahres alle Rückstände aufgeholt. Ich lernte, auf ihre Lebenskräfte zu vertrauen, und erkannte, dass Erziehung auch ein Abwägen zwischen Forderung und Überforderung sein würde. Später wurde mir klar, dass ich meine Tochter ununterbrochen beobachtete und ihre frühe Selbstständigkeit und Ablösung von mir unbewusst verhindern wollte.

Interessanterweise spielte unsere Tochter im Alter von drei Jahren den Geburtsvorgang über Monate hinweg nach. Sie kroch unter mein T-Shirt, wollte von mir umhüllt werden, um dann wieder «neugeboren» hervorzukrabbeln. Zudem baute sie für sich und ihre Kuscheltiere überaus gemütliche und kunstvolle Bettchen und Höhlen. Auf diese Weise suchte sie nochmals die Umhüllung auf, die ihr noch zwei Monate im Mutterleib zugestanden hätte. Und auch ich genoss es, sie so nah bei mir zu spüren.

In diesem Alter trat bei Leonie eine große Angst vor Naturgewalten wie Wind und Wasser auf. Wir verbrachten damals zehn Tage am Atlantik, wo permanent ein sehr starker, böiger Wind wehte. Sobald Leonie das Meer oder die vom Wind geschüttelten Palmen und Sonnenschirme sah, wurde sie panisch und wollte bald das Hotelzimmer nicht mehr verlassen. Wir überlegten, ob wir sie durch Konfrontation mit Wind und Meer abhärten sollten, gaben aber ihrem Bedürfnis nach Schutz größtenteils nach. Wir waren sehr frustriert, da wir uns den dringend benötigten Urlaub ganz anders ausgemalt hatten, und brauchten sehr viel Geduld Leonie und uns selbst gegenüber. Manchmal hatte ich das Gefühl, mich Dritten gegenüber rechtfertigen zu müssen, warum unsere Tochter schreiend den Pool oder die Terrasse verließ. Zum Glück für uns verfügte das Hotel über einen schönen Garten und einen Pool, sodass mein Mann und ich uns wenigstens abwechselnd draußen aufhalten konnten. Wieder daheim, entwickelten wir mit der Sozialarbeiterin Geschichten und Bilder über den Wind, massierten Leonie mit Lavendelöl ein und zogen ihr eine Windmütze an. Nach vielen Wochen fand sie den Mut, sich zusammen mit der Therapeutin aus einem geöffneten Fenster im «hof» hinauszulehnen und die Menschen draußen zu beobachten. Auf der anschließenden Heimfahrt wollte sie ihr Fenster im Auto etwas geöffnet haben, und ihre Angst vor dem Wind war so gut wie überwunden.

Statt weiter Flugreisen fahren wir nun regelmäßig in eine Ferienwohnung nach Österreich. Dort füllen wir den Tag neben Wanderungen mit lebensnahen Tätigkeiten wie Einkaufen, Kochen und Fegen aus und ziehen ein Abendessen am selbst gedeckten Tisch einem belagerten Büffett vor. Zu Hause erinnern wir uns oft an die schönen Plätze und Wanderungen und fühlen uns dort schon richtig heimisch. Und der Urlaub beginnt schon Monate vorher mit der Vorfreude auf ein Wiederkehren in «unsere» Berge.

Leben fordert zu Standhaftigkeit auf

Leonie glich ihre körperliche Unsicherheit oft mit Reden aus. Wenn sie auf einem Baumstamm balancierte, redete sie ununterbrochen. Sie spürte ihre Füße und Beine nicht und schnürte sich ihre Schuhe so eng, dass sie rote Striemen auf den Fußrücken hatte. In den Elterngesprächen wurden wir angeregt, einmal am Wochenende zu Spaziergängen in den Taunus zu fahren. Mein Mann war als Kind und Jugendlicher jedes Jahr in den Bergen zum Wandern gewesen und brachte mich allmählich dazu, meine diesbezügliche Bequemlichkeit zu überwinden. Die Erfahrungen waren von Anfang an positiv: Während die Spielplätze und Parks feste Strukturen vorgeben, verändert sich das Umfeld im Wald mit jedem Schritt. Es ist, als würde man in eine andere Welt mit anderem Rhythmus, Ruhe und guter Luft eintauchen. Anfangs wollte Leonie nach den ersten fünf Schritten eine Pause machen, doch konnten wir ihre Ausdauer stetig steigern. Das Laufen auf den unebenen Wegen und die abwechslungsreiche Natur lassen uns alle durchatmen und machen uns glücklich. Durch die Wanderungen und Massagen mit Lavendelöl wurde Leonies körpereigene Wahrnehmung erweitert, und sie kam vom Denken ins selbstversunkene Spiel. In dem Maße, wie ihr Bewusstsein für ihren Körper zunahm, entwickelte sich

150

ihr Selbstbewusstsein. Sie konnte anderen Kindern immer standhafter begegnen und ließ sich nicht mehr so einfach von ihnen umrennen. Ihre anfängliche Angst vor dem Leben wandelte sich zunehmend in ein Gelöstsein und einen kraftvollen Einsatz ihrer Lebenskräfte.

Dass auch mein Blick auf unsere Tochter in diesem Prozess eine Rolle spielte, wurde mir klar, als ich meine parallel zu den Frühförderstunden unserer Tochter gemalten Bilder betrachtete. Ein Thema war zum Beispiel: «Wie sehe ich meine Tochter in der Zukunft?» Ich fertigte ein Bild an und sah erst auf den zweiten Blick – und nach einem entsprechenden Hinweis –, dass ich Leonie ohne Hände und Füße gemalt hatte. In Gesprächen und Selbstbeobachtung wurde mir klar, dass mein Blick im Alltag überwiegend auf ihrem Kopf ruhte und ich ihren Körper mit seinen Gliedmaßen kaum wahrnahm. Daraufhin begann ich, Darstellungen aus der Anatomie abzuzeichnen und die Arme und Beine meiner Tochter bewusst zu betrachten und schön zu finden. Mein Blick auf die Gliedmaßen unserer Tochter half ihr, in ihren Körper hineinzufinden und ihn zu bewohnen.

Leben ist Verbundensein

Eine der vielfältigen Tätigkeiten in der Frühförderung bestand darin, dass die Frühförderin mit Leonie in den Bioladen ging, Obst kaufte, es in die Küche der Frühförderstelle trug und einen Obstsalat daraus zubereitete. Dies ist ein Ablauf, der sich am Leben orientiert und durch den man sich mit dem Leben verbindet. Als ich unsere vierjährige Tochter mit einem Messer den Apfel kleinschneiden sah, hatte ich instinktiv Angst, dass sie sich verletzte. Doch dann sah ich, wie sicher sie mit dem Messer hantierte, und gewann Vertrauen in ihre Selbstständigkeit und Fähigkeiten. Ich versuchte, dies auf andere Situationen zu übertragen, wobei mir deutlich wurde, dass ich aus Bequemlichkeit und vermeintlicher Zeitersparnis die Haushaltsdinge schnell selbst erledigte und für meine Tochter «künstliche» Beschäftigungen ersann.

Dabei wäre es besser, sie in Alltagsabläufe einzubinden und ihr kleinere Aufgaben zu übertragen, die zum Leben dazugehören und sie zu einem eigenständigen Leben ertüchtigen. Kinder, die mit dem Leben verbunden sind, werden auch die Informationsflut unseres digitalen Zeitalters einordnen, filtern und sinnvoll nutzen können.

Leben ist Abschiednehmen und Wiedersehen

In den ersten Stunden der Frühförderung hockte ich mich mit Leonie auf den Boden und ließ sie sich einige Schritte von mir entfernen. Immer wieder suchte sie meine Bestätigung für ihr Tun, was mir das Gefühl gab, gebraucht zu werden. Schritt für Schritt vergrößerten wir den Abstand zwischen uns. Wir brauchten ein gutes Jahr, bis sie allein bei den Therapeutinnen blieb. Ähnlich verhielt es sich im Kindergarten. Als sie mit knapp vier Jahren in den Kindergarten kam, verliefen die Abschiede zunächst dramatisch. Sie weinte bitterlich, und ich hatte einen Kloß im Hals und das Gefühl, sie zu verlieren und nicht wiederzusehen. Mit der Zeit erwuchs aus der Freude des Wiedersehens Vertrauen, und meine Angst vor den Abschieden nahm ab. Ich stellte mir vor, dass sich Leonie so wohlig wie in einem Lavendelbad fühlte, wenn sie nicht mehr von mir beobachtet wurde, und auch ich konnte aufatmen und mich anderen Dingen widmen. Ich empfand es zum Beispiel als Wohltat, schnell einmal einkaufen oder saugen zu können.

Leonie schlief bis zu ihrem fünften Lebensjahr nur ein, wenn sie meine Hand in der ihren hielt. Ich saß stundenlang neben ihrem Bett und erlebte noch einmal die bangen Stunden im Krankenhaus. Meine Sicht auf unsere Tochter war, dass sie schwach sei und meine Nähe und meinen Schutz bräuchte, doch das traf objektiv betrachtet nicht zu. Dazu kam die Trauer darüber, dass wir einen Zwilling während der Schwangerschaft verloren hatten und sich unser Wunsch nach einem zweiten Kind nicht erfüllte. Ich wollte jede Phase mit meiner einzigen Tochter intensiv auskosten. Dadurch entstand die Gefahr, die Phasen

152

zu verlängern und unsere Tochter möglichst lange an mich zu binden. Es fiel mir schwer, sie in die frühe, altersgemäße Eigenständigkeit zu entlassen. An dem Abend, an dem sie zum ersten Mal allein einschlief, saß ich gespannt und etwas bange auf der Couch. Als das erwartete Weinen ausblieb, war ich sehr erleichtert und freute mich über die wiedergewonnene Zeit, die ich zum Beispiel mit meinem Mann verbringen konnte. Der Verzicht auf das gemeinsame Einschlafritual war für mich zunächst schmerzhaft, doch führte er zu einer größeren Autonomie unserer Tochter. Sie lernte dabei, ihre Bedürfnisse zu artikulieren und zum Beispiel zu sagen, wenn sie in unserem Bett mitschlafen wollte. Ich spürte in jedem Entwicklungsschritt einen Abschied, ein Loslassen, aber auch das Erwachsen von neuen Tätigkeiten und Formen des Verbundenseins.

Als besondere Zeiten der Verbundenheit mit unserer Tochter empfand ich die Krankheitswochen. In einem Winter erkrankte sie zweimal unmittelbar hintereinander an Scharlach. Beim ersten Mal gaben wir ihr ein Antibiotikum, auch weil ich mir nicht vorstellen konnte, drei Wochen mit ihr daheim zu verbringen. Beim zweiten Mal verzichteten wir nach Absprache mit unserer Ärztin darauf. Erstaunlicherweise war der Krankheitsverlauf mit und ohne Antibiotikum ähnlich. Auch wenn es anstrengend war, die vielen Tage – insgesamt sechs Wochen – mit ihr tagsüber allein zu verbringen, haben wir die Ruhe und Intimität genossen. Anstoß hierfür war die Frühförderin, die mich fragte: «Wann werden Sie wieder so viel Zeit mit Ihrer Tochter verbringen können?»

Gegen Ende der Frühförderzeit kam bei meinem Mann und mir das Gefühl auf, dass es noch einen freien Platz in unserer Familie gab. Seit frühester Kindheit bestand meine Vorstellung von einer Wunschfamilie aus Vater, Mutter und zwei Kindern. Da es in Deutschland genügend kinderlose Paare gibt, konnten wir kein Kind adoptieren und beschlossen, einen Pflegesohn aufzunehmen. Er ist drei Jahre jünger als Leonie. Nun geht es darum, zu ihm ein ebenso gutes Verhältnis wie zu Leonie aufzubauen und beide Kinder auf derselben Ebene liebzuhaben.

Rückblickend erlebe ich die Zeit der Frühförderung als einen Prozess, in dem wir uns – unsere Tochter und ich – anstelle einer gegenseitigen Abhängigkeit in eine größere Autonomie eingelebt haben. Die Frühfördermaßnahme endete mit dem Eintritt in die Schule. Auch hier haben wir uns Zeit genommen und Leonie im Alter von sieben Jahren einschulen lassen. Wir haben uns für eine Waldorfschule entschieden, was auch einen Wechsel des Wohnorts mit sich brachte. Der behutsame Umgang der Lehrer mit den Schülern hat ihr geholfen, sich gut in die Klassengemeinschaft zu integrieren. Sie hat sich zu einem fröhlichen, lebensbejahenden und hingebungsvollen Mädchen entwickelt, das gut durch Worte und nicht durch Emotionen gelenkt werden kann. Unsere Themen wie Anhänglichkeit, Abschiede und Ängste vor unbekannten Situationen tauchen immer wieder auf. Doch verlieren sie jetzt schneller ihre Dramatik, und wir können auf positive Erfahrungen zurückgreifen. Ein Gefühl des Umgebenseins von guten Mächten hat sich entfaltet.

Eine Einrichtung zur Frühförderung –
aus der Sicht der Eltern

Erster Eindruck

Fachwerkhäuser mit liebevoll gestalteten Fassaden und gepflegten Innenhöfen säumen die schmalen Straßen, die zum «hof» im Frankfurter Stadtteil Niederursel führen. Im Winter steigt aus den Schornsteinen der Rauch in den Himmel, im Sommer lohnt sich ein Gang zum Urselbach, der sich vom nahen Taunus herkommend durch Alt-Niederursel schlängelt.

Nur vier Gehminuten (mit Kleinkind an der Hand etwas länger) liegen zwischen der U-Bahnstation und somit dem Trubel der Großstadt und diesem dörflichen Idyll. Durch ein breites Tor betritt man den «hof» (einen ehemaligen Bauernhof), der viele Möglichkeiten zum Verweilen bietet. Sei es das Café, in dem man sich im Winter behaglich aufwärmen oder im Sommer im Schatten eines Apfelbaumes sitzen kann. Sei es der liebevoll eingerichtete Bioladen, in dem man viele Anregungen für das leibliche Wohl erhält. Sei es die «hof»-Küche, die im urigen Keller ein wertvolles Mittagessen anbietet. Und nicht zuletzt der geschlungene Weg, der durch einen schön eingewachsenen Garten zum «Haus des Kindes» führt. In diesem findet man den einladenden Eingangsbereich mit den anregenden Spielmöglichkeiten für die Kleinen vor.

Wer oder was verbirgt sich hinter dem «hof» in Niederursel?

Der «hof» Niederursel liegt im Nordwesten Frankfurts und ist seit 1974 auf der Grundlage der Anthroposophie in den Bereichen der Kinder- und Jugendarbeit sowie der Erwachsenenbildung tätig. Das Angebot spannt sich von Geburtsvorbereitung über Krabbelgruppen, Kindergarten und Hort bis hin zu Elternkursen. Zudem werden die Räumlichkeiten für externe Seminare von Jugendlichen und Erwachsenen genutzt. Zahlreiche Kurse für Kinder und Erwachsene runden das Bild ab.

Inzwischen hat sich die Tätigkeit durch die Kooperation mit einem Kinder- und Familienzentrum und dem dort täglich stattfindenden Elterntreff «Al Karama» in die stark von Migration geprägte Nordweststadt ausgeweitet.

Kleinere Wirtschaftsbetriebe haben sich rund um den «hof» angesiedelt und ihre Tätigkeiten zu einem sinnvollen Netz verwoben. Es finden sich im Ensemble oder in der Nähe eine Arztpraxis, eine öffentlich zugängliche Bibliothek, ein Gästehaus, ein Café, eine Schreinerei, ein Steinmetzbetrieb, eine Zeitschriftenredaktion sowie die bereits erwähnte «hof»-Küche und der Naturkostladen.

In einer 2007 umgebauten Scheune befindet sich das Pädagogisch-Therapeutische Zentrum und im zweiten Obergeschoss die Frühförderstelle «Haus des Kindes». Im Erdgeschoss sind die Räumlichkeiten der Arztpraxis und im ersten Obergeschoss eine Hebammenpraxis und das Kunstatelier untergebracht.

In der Frühförderstelle sind die Therapieräume mit diversen Gegenständen ausgestattet, die primär der basalen Sinnespflege (Tast-, Lebens-, Bewegungs- und Gleichgewichtssinn) dienen, wie Kastanien-, Korken- und Kirschkernwannen, einem Ofen, einer Klangbrücke und vielem mehr. Für die Bewegungstherapie werden unter anderem ein Schwebebalken, ein Trapez und eine Sprossenwand, Rutschbretter und

Balancierstangen eingesetzt. Die Spielgeräte bestehen vorzugsweise aus umweltfreundlichen Naturmaterialien, die sich für die Förderung der basalen Sinne als außerordentlich förderlich und hilfreich erwiesen haben.

Was bietet die Frühförderung?

Das «Haus des Kindes» ist eine seit 1998 vom Land Hessen anerkannte Allgemeine Frühförderstelle. Sie hat zum Ziel, Kindern und deren Eltern oder Betreuungspersonen Hilfen zu leisten bei Entwicklungsgefährdungen und allgemeinen Nöten und Auffälligkeiten.

Gesetzlichen Anspruch auf Frühförderung haben Kinder im Vorschulalter ab der Geburt bis zum Übergang in die Schule, wenn sie behindert oder von Behinderung bedroht, in ihrer Entwicklung verzögert oder im Verhalten auffällig sind. Es liegt auf der Hand, dass auch die Eltern mit in die Maßnahmen einbezogen werden. Kinder und ihre Familien sollen in umfassender Weise gefördert werden, sodass ihre Schwierigkeiten nicht zu einer Ausgrenzung aus der Gesellschaft führen. Die Frühförderung wird vom Arzt empfohlen, die Kosten werden von dem zuständigen Sozialhilfeträger finanziert.

Die Frühförderstelle am «hof» arbeitet auf der Grundlage der Anthroposophie und der Waldorfpädagogik und versteht sich damit auch als eine überregionale Frühförderstelle. Sie ist tätig innerhalb der «Rahmenkonzeption der Frühförderung in Hessen» (2003) und der «Fachlichen Handlungsanweisungen für die Frühförderung in Hessen» (1995). Das «Haus des Kindes» ist Mitglied der «Frankfurter Runde», einem Zusammenschluss aller in Frankfurt arbeitenden Frühförderstellen.

Die Besonderheit beim «Haus des Kindes» ist seine Einbindung in andere Disziplinen und deren Vernetzung unter einem Dach, dem *Pädagogisch-Therapeutischen Zentrum* des «hofes». Dieses umfasst

– die präventiv arbeitenden Eltern-Kind-Gruppen in der «Kinderstube»
– die Tagesbetreuung von Kindern von null bis drei Jahren in der Wiegestube «Sonnenschein»
– eine Hebammenpraxis
– den medizinisch-therapeutischen Bereich mit einer Allgemeinarztpraxis und mehreren psychotherapeutischen Praxen
– ein Atelier für Kunsttherapie
– Schulkinderarbeit
– Physiotherapie, Massage, medizinische Bäder und Ergotherapie.

Ziel ist die enge Vernetzung und methodische Übereinstimmung innerhalb der vielfältigen Tätigkeitsbereiche. Ergänzend bietet die Freie Bildungsstätte zahlreiche Seminare und Veranstaltungen an.

Was bedeutet Frühförderung?

Die Aufgabe der Frühförderung ist eine langfristig angelegte Hilfe. Im Mittelpunkt der Arbeit steht das Kind, das grundsätzlich im Zusammenhang mit seiner Familie gesehen wird. Somit findet keine Maßnahme und kein Förder- oder Behandlungsplan ohne Zustimmung und Auftrag der Eltern statt.

Förderung orientiert sich nicht am Nachvollzug der sogenannten «normalen» Entwicklung, sondern ist für jedes Kind und seine Familie individuell ausgerichtet. Das erfordert ein jeweils anderes Vorgehen und eigens formulierte Ziele. Der zentrale Entwicklungsmotor sind die Motivation und das Interesse des Kindes und seiner Familie. Anliegen ist es, die bestmögliche individuelle Entwicklung des Kindes zu unterstützen. Je stärker das Kind und seine Eltern als «Akteure» der Entwicklung aktiv am Prozess beteiligt sind und sich als selbstständig handelnd erleben, desto größer sind die Voraussetzungen für ein nachhaltiges positives Selbsterleben und Selbstwertgefühl des Kindes und sein späteres Selbstbewusstsein. Die von einem Kind innerlich mitvollzogenen Veränderungen sind als Wahrnehmungen gut verarbeitet und können so für weitere Entwicklungsschritte und späteres schulisches Lernen genutzt werden.

Was geschieht in der Frühförderung?

Im *Erstkontakt* (oft telefonisch) wird ein *«Diagnoseblock»* von drei Terminen verabredet, der mit einem Elterngespräch beginnt. Danach folgt eine diagnostische Einheit mit dem Kind, die dann in einem weiteren Gespräch mit den Eltern unter Umständen in die Erstellung eines Förderplans mündet oder andere Wege für die Familie aufzeigt. Für eine Bewilligung der Frühfördermaßnahme durch das zuständige Sozialamt bedarf es einer Empfehlung durch den behandelnden Arzt sowie einer Untersuchung durch den Amtsarzt.

Als *offene Anlaufstelle* bietet das «Haus des Kindes» zudem Beratung und Informationen an für alle Familien, für Fachleute sowie Einrichtungen, die sich Sorgen um ihre Kinder bzw. die ihnen anvertrauten Kinder machen.

Die *Arbeit mit dem Kind* entsprechend dem Förderplan geschieht wöchentlich in einer 45-Minuten-Einheit. Die Bewilligung erfolgt in der Regel für den Zeitraum von einem Jahr und kann bis zum Schuleintritt verlängert werden.

Die *Elternarbeit* mit den Erziehungsverantwortlichen findet in der

Regel alle vier bis sechs Wochen statt. Sie ist ein fester und notwendiger Bestandteil der Arbeit.

Eine Besonderheit der Frühförderstelle am «hof» ist das Angebot einer *künstlerischen Elternarbeit* für die Eltern während der jeweiligen Einheit mit dem Kind. Themen aus den Elterngesprächen, die biografische Bedeutung haben und/oder als Blockaden für Veränderungen im Wege stehen, hinderliche Sichtweisen auf das Kind oder seine Geburtssituation werden hier von den Eltern künstlerisch bearbeitet, vertieft und anschließend in weitere Elterngespräche eingebracht.

Die *interdisziplinäre Zusammenarbeit* im Team und mit den für die Familie zuständigen KooperationspartnerInnen findet regelmäßig und auf Anfrage statt. Hierfür müssen die Eltern die zuständigen FrühförderInnen von der Schweigepflicht entbinden.

Die *Zusammenarbeit mit Kindertageseinrichtungen* gestaltet sich auf unterschiedliche Weise. Es besteht die Möglichkeit, in Kindergruppen zu hospitieren und die Beobachtungen nachzubesprechen. Daraus kann eine Empfehlung für eine Frühförderung oder eine andere Maßnahme hervorgehen. Es kann sich allerdings auch als sinnvoll erweisen, innerhalb der Betreuungseinrichtung nach neuen Wegen zu suchen. In einzelnen Fällen steht auch in der Betreuungseinrichtung ein Budget zur Verfügung, um zusätzlich mit Kindern außerhalb der Gruppe zu arbeiten. Insbesondere wird dieses Angebot für einzelintegrierte Kinder in Tageseinrichtungen wahrgenommen. Auch in diesen Fällen werden die Eltern in die Arbeit einbezogen.

Das «Haus des Kindes» möchte als lebensweltorientierte Einrichtung umfassende Hilfe anbieten. Es koordiniert und integriert pädagogische, therapeutische und medizinische Ansätze in der Früherkennung und Diagnostik.

Wie wird in der Frühförderung konkret gearbeitet?

Ein grundlegendes Motiv der Arbeit besteht darin, den *Willen zur Veränderung* aufzugreifen: Eltern, die mit ihren Kindern zur Frühförderstelle kommen, haben den Wunsch, etwas in ihrem Leben oder Familiensystem zu verändern. Den Anstoß hierzu gibt das Verhalten des Kindes.

Zunächst geht es darum, das Kind so wahrzunehmen, sich ihm einfühlend zuzuwenden, dass es wie von innen heraus verstanden werden kann. Denn die Frühförderung hat nicht zum Ziel, einen Menschen zu verändern, selbst wenn dies möglich wäre. Dies stünde im Widerspruch zu seiner Würde. Förderlich aber ist es, wenn in der Therapie geübt wird, das Kind zu ermuntern, seine eigenen Ziele und Bedürfnisse zu äußern, seine speziellen Ressourcen zu entdecken, dem Kind Angebote zu machen, bei denen es sich wertgeschätzt fühlt, Tätigkeiten anzubieten, in denen es Kreativität, Lebensfreude und Sinnhaftigkeit entdecken kann, ihm Zeit zu lassen für seine individuelle Entwicklung.

Dabei ist zunächst die Aufmerksamkeit auf die *physische gesunde Entwicklung* des Kindes zu richten. Zwischen der Geburt und etwa dem siebten Lebensjahr ist es seine Hauptaufgabe, den von den Eltern «geerbten» Leib, der ihm als eine Art «Modell» dient, umzuarbeiten in die ihm angemessene individuelle Konstitution und Organbildung. Hierzu dient alles, was das Kind durch die Basissinne erfährt und verarbeitet. Der Pflege der nachstehend aufgeführten Sinne kommt deshalb eine hohe Bedeutung zu:

- *Tastsinn* oder auch taktiles System genannt
- *Lebenssinn*, das Spüren der eigenen Bedürfnisse und inneren Zustände
- *Gleichgewichtsinn*, das vestibuläre System
- Eigenwahrnehmung, auch *Bewegungssinn* genannt oder proprioceptives System, die Tiefenwahrnehmung über Muskeln und Muskelspindel.

In der Frühförderung wird das Augenmerk darauf gerichtet, ob bei dem Kind zwar die Sinne äußerlich konditioniert, jedoch die Sinnesempfindung nicht ausreichend ausgebildet wurde und es damit zu keiner befriedigenden Wahrnehmungsverarbeitung kommt. In allem, was wir tun, wird uns durch die Sinne der Zugang zur Welt und zu uns selbst erschlossen. Störungen der basalen Sinne zeigen sich durch eine Über- und Unterempfindlichkeit bei Reiz- oder Wahrnehmungsverarbeitungen. Somit erhalten die Sinnespflege und die Sinnesschulung in Familie und Betreuungseinrichtungen einen hohen Stellenwert.

Darüber hinaus kommt es auf die Förderung der *Lebenskräfte* der Kinder an. Sie unterstützen die Umgestaltung des physischen Leibes in hohem Maße und stehen in enger Beziehung zu der Umgebung des Kindes. Ihr ausreichendes Vorhandensein wie in einer Art «Hülle» ist daran zu bemerken, ob das Kind seine Bedürfnisse spürt, mit Misserfolgen umgehen kann, sich erwärmen, begeistern und nachahmen kann und einen Sinn in seinen Tätigkeiten erlebt.

Auf Grundlage einer gesunden Entwicklung der Sinne und ausreichender Lebenskräfte kann sich das Kind die Welt erobern durch *Gehen, Sprechen* und *Denken*.

Das kleine Kind erschließt sich
- den physischen Raum durch das «Gehenlernen»
- den seelischen, emotionalen Raum durch das «Sprechenlernen»
- den geistigen, gedanklichen Raum durch das «Denkenlernen», das Erfassen von Zusammenhängen.

Am Anfang jeder Entwicklung steht eine physische Bewegung. An diese schließt sich der seelische Eindruck an, und daraus ergibt sich wie von selbst ein Zusammenhang. Dieses Nacheinander wird auch in jedem Handlungsablauf mit den Kindern beachtet.

Eltern brauchen dabei Unterstützung, ihrem Kind in seinem Ergreifen des eigenen Leibes über die Sinnesentfaltung sowie die Tätigkeiten des Gehens, Sprechens und Denkens Vorbild zu sein und gleichzeitig einen Schonraum für die Entwicklung des Kindes zu gewährleisten.

Eltern und Kinder werden in der Frühförderung grundsätzlich als eine Einheit betrachtet. Ziel ist es, die «innere Mitte» und das Gleichgewicht im Kind und in der Familie herzustellen – im Miteinander, in belasteten Lebenssituationen. Dieser Prozess wird unterstützt durch die Berücksichtigung der folgenden *Elemente*, die Grundlage jeder Entwicklung sind:

- *Wärme*, die Voraussetzung für Entwicklung ist, für die Chance, sich auf einen neuen Prozess einzulassen
- *Licht*, das zuvor Nichtverstandenes erhellt oder anders beleuchtet
- *Luft*, die in festgefahrene Situationen Leichtigkeit und Bewegung hereinbringt
- *Wasser* oder Flüssiges, das unzusammenhängendes Nebeneinander, Kontroverses rhythmisch verbindet und durchdringt, aber auch aussondert.

Und nicht zuletzt wird jeder Prozess, jede Entwicklung auf diese Weise auf die *Erde* gebracht und in den Alltag integriert.

Für diese Anliegen stehen dem Mitarbeiterteam verschiedene Angebote zur Verfügung, um in eine rhythmisch gegliederte Arbeitssituation zu kommen:

- die Therapieräume als nachgestellte «Naturräume», die für die Entwicklung des Tast-, Gleichgewichts- und Bewegungssinns dienen, z.B. mit Naturmaterialien wie Kirschkernen, Balancierstangen, Hindernisparcours u. Ä.
- Arbeit in Werkstätten (Werkbank, Küche u. a.) dient der Feinmotorik und fördert die Nachahmung.
- Die ländliche Umgebung Niederursels mit Garten, Bach, Feuerstelle, Schaukel und Sand bietet vielfältige Erfahrungen im Umgang mit den Elementen.
- Der Umgang mit Tieren im Stall und in der Umgebung eines Bauernhofes baut auf natürliche Art und Weise Blockaden ab, die das Kind unter Umständen im Therapieraum viel länger aufrechterhält. Das Pferd z.B. gibt dem Kind gleichzeitig Reize über den Gleichge-

wichts-, den Tast-, den Lebens- und den Bewegungssinn. Es fördert die Konzentration, das soziale Verhalten und das Selbstbewusstsein des Kindes in hohem Maße.

Das alles wird im Förderplan individuell ergänzt und erweitert durch die *künstlerisch-anthroposophischen Therapien* wie Kunsttherapie, Heileurythmie, rhythmische Massage und Öldispersionsbäder, die vor allem eine Entfaltung der Lebenskräfte ermöglichen.

Der *Förderplan* entwickelt sich im engen Austausch mit den Eltern und deren Zielen und schreibt sich mit der Behandlung fort. In der Regel werden die Innenräume für die erste Kennenlernphase mit dem Kind genutzt. Dort zeigen die Kinder schnell, wo sie eine gute Wahrnehmungsverarbeitung haben und wo sie eher ängstlich, unsicher, über- oder unterinformiert sind. Die Außenräume beschleunigen dann oft den Veränderungsvorgang und geben dem Kind stärkere Umsetzungsmöglichkeiten in die ihm vertraute Lebenswelt.

Einige Kinder kommen mit einem klaren und medizinisch eindeutigen Befund zur Frühförderstelle. Bei einer Mehrheit kann jedoch trotz Untersuchungen im Sozial-Pädiatrischen Zentrum (SPZ) keine eindeutige Diagnostik erbracht werden. Insbesondere bei diesen Kindern hat sich die *Arbeitsmethode* bewährt, die Wahrnehmung und Reflexion unserer eigenen Befindlichkeit während der Beobachtung des Kindes hinzuzuziehen: Worauf werde ich aufmerksam, was fällt mir immer wieder ins Auge? Wie ist meine Körperhaltung? Wie mein Atem? Mein Herzschlag? Wo bin ich verspannt, entspannt? In welchem Bereich werde ich vom Kind angesprochen: eher im Kopf, im Reden, im Sinnieren, im Fühlen oder in der Motorik?

Um diese Beobachtungen zu verifizieren, gleichen wir sie mit den Kollegen und Eltern ab. Die neueren Erkenntnisse der Neurologie über die Spiegelneuronen bestätigen die wesentliche Quelle der eigenen Nachahmung auch als mögliches diagnostisches Instrument, um den Bereich des nicht messbaren und nachweisbaren, auch emotionalen Anteils der eigenen Wahrnehmung mit einzubeziehen.

Umgekehrt lässt sich in vielen Fällen entdecken, dass auch die Kinder nicht nur das physische Tun, sondern vielmehr das Fühlen und Denken ihrer Bezugspersonen nachahmen. Die physische Unruhe eines Kindes steht oft in unmittelbarem Verhältnis zur seelischen oder gedanklichen Unruhe seiner Umgebung.

Für die Effektivität der Frühförderung ist deshalb der vertrauensvolle Kontakt zu den Eltern die wichtigste Basis, da die gewünschte Veränderung oft das ganze System betrifft. Eine Intensivierung der *Elternarbeit* ist dann besonders sinnvoll. Selbst wenn das nicht gegeben ist, erleben die Kinder durch die Erfahrungen in der Frühförderung ihre autonomen Kräfte, um Erlebnisse und Entwicklungen anzubahnen, die den Eltern wieder neue Sichtweisen auf ihr Kind vermitteln und damit oft einen neuen Weg aus festgefahrenen Verhaltensmustern ermöglichen.

Über allen Therapieangeboten und Zielen, die sich im Förderplan niederschlagen, steht jedoch der *Kontakt*, der innere Dialog, den die FrühförderInnen zum Kind haben. Das Kind spürt, ob es in seinem Wesen angenommen ist und ob wir mit ihm suchen, welches sein Weg sein könnte, um sich gut mit dem Dasein vertraut zu machen. Die Erfahrungen und Erfolge der Arbeit im «Haus des Kindes» zeigen, dass hierzu oft ein reflektiertes Sich-leiten-Lassen von therapeutischen Intuitionen der beste Weg ist. Die Kinder wissen, was für sie gut ist, und durch unser Innehalten und unser inneres Hören und äußeres Schweigen sowie durch das Loslassen von Vorstellungen, Fantasien und Bildern erfassen wir am ehesten, welchen Weg wir mit dem einzelnen Kind gehen könnten. Am Ende des Weges steht das Spüren des «Seins». Kann ein Kind seine physische Existenz und sein «Da-Sein» ergreifen, das «Ich bin»? Wenn dies erreicht ist, können alle weiteren sozialen und schulischen Herausforderungen leichter angegangen werden.

MitarbeiterInnen

MitarbeiterInnen einer Frühfördereinrichtung können in Hessen SozialpädagogInnen und -arbeiterInnen, HeilpädagogInnen und SonderpädagogInnen sein. Im «Haus des Kindes» sind die Mitarbeitenden zusätzlich ausgebildet in Elternberatung, anthroposophischer Menschenkunde und Waldorfpädagogik, sensorischer Integration und der Pädagogik nach Emmi Pikler sowie verschiedenen psychologischen Ergänzungen.

Zum Selbstverständnis der MitarbeiterInnen gehören die Bereitschaft zur Intervision, Supervision sowie die interdisziplinäre Zusammenarbeit im Pädagogisch-Therapeutischen Zentrum und in der Bildungsarbeit des «hofes». Der Kontakt zu medizinisch-therapeutischen Kooperationspartnern in Frankfurt und darüber hinaus wird regelmäßig gepflegt.

«Haus des Kindes»
Frühförderstelle im Pädagogisch-Therapeutischen Zentrum «der hof»
Alt-Niederursel 53
60439 Frankfurt
069/5 89 01 65
Haus-des-Kindes@t-online.de
www.Haus-des-Kindes.de
www.der-hof.de

Claudia Grah-Wittich, geboren 1957, ist verheiratet und hat drei erwachsene Kinder. Sie studierte Philosophie und Kunstgeschichte
(M.A.). Als Diplom-Sozialarbeiterin ist sie in der Elternberatung und
der Frühförderung im Pädagogisch-Therapeutischen Zentrum «der
hof» in Frankfurt-Niederursel tätig. Darüber hinaus hält sie Vorträge
und Seminare im In- und Ausland.

Christiane von Königslöw

Der Engel das bin ich

Die Spiritualität unserer Kinder im Spiegel
ihrer Bilder und Aussprüche

144 Seiten, durchgeh. farbig, gebunden
ISBN 978-3-7725-2035-9

Über die Kinderzeichnung als Ausdruck der seelisch-leiblichen Entwicklung und
Befindlichkeit ist schon viel gesprochen und geschrieben worden – nicht aber über
Kinderzeichnungen und die Aussprüche kleiner Kinder als Ausfluss eines tiefen
inneren Wissens, das das Kind schon in sein Leben mitbringt.
Christiane von Königslöw erzählt aus dem Alltag ihrer Kindergartengruppe und
lässt uns dabei Anteil nehmen an einem intensiven pädagogischen Prozess. Was
die Autorin den Kindern in ihrer «Kinderoase» abgelauscht und in ihren Bildern
erschaut hat, lässt uns tief hineinblicken in das Wesen heutiger Kinder. Die hier
gezeigten Bilder und dazugehörigen Aussprüche zeigen uns in ihrer wundervollen
Poesie Botschaften, die die Kinder uns Erwachsenen mitteilen wollen.

Verlag Freies Geistesleben